Kolhydratmedvetna Kök

En Resa Mot Hälsa

Erik Sandberg

Innehållsförteckning

Enkel musselrätt

Du behöver bara några enkla ingredienser för att göra en god och snabb rätt!

Förberedelsetid: 5 minuter

Tillagningstid: 5 minuter

Portioner: 4

Ingredienser:

- 2 pund musslor, skäggiga och skurade
- 2 vitlöksklyftor, hackade
- 1 matsked ghee
- En skvätt citronsaft

Vägbeskrivning:

1. Häll lite vatten i en kastrull, tillsätt musslor, låt koka upp på medelvärme, koka i 5 minuter, ta av värmen, släng oöppnade musslor och lägg dem i en skål.
2. I en annan skål, blanda ghee med vitlök och citronsaft, vispa och värm upp i mikron i 1 minut.
3. Häll över musslor och servera dem direkt.

Njut av!

Näring:kalorier 50, fett 1, fiber 0, kolhydrater 0,5, protein 2

Enkel stekt bläckfisk och välsmakande sås

Detta är en av våra favorit keto calamari rätter!

Förberedelsetid: 10 minuter

Tillagningstid: 20 minuter

Portioner: 2

Ingredienser:

- 1 bläckfisk, skuren i medelstora ringar
- En nypa cayennepeppar
- 1 ägg, vispat
- 2 msk kokosmjöl
- Salta och svartpeppar efter smak
- Kokosolja för stekning
- 1 msk citronsaft
- 4 matskedar majonnäs
- 1 tsk srirachasås

Vägbeskrivning:

1. Krydda bläckfiskringar med salt, peppar och cayennepeppar och lägg dem i en skål.
2. I en skål, vispa ägget med salt, peppar och kokosmjöl och vispa väl.

3. Muddra bläckfiskringar i denna blandning.

4. Hetta upp en panna med tillräckligt med kokosolja på medelvärme, lägg i bläckfiskringar, koka dem tills de blir guldfärgade på båda sidor.

5. Överför till hushållspapper, häll av fett och lägg i en skål.

6. I en annan skål, blanda majonnäs med citronsaft och srirachasås, rör om väl och servera dina bläckfiskringar med denna sås vid sidan av.

Njut av!

Näring:kalorier 345, fett 32, fiber 3, kolhydrater 3, protein 13

Bakad bläckfisk Och Räkor

Denna ketogena skaldjursrätt är fantastisk!

Förberedelsetid: 10 minuter

Tillagningstid: 20 minuter

Portioner: 1

Ingredienser:

- 8 uns bläckfisk, skuren i medelstora ringar
- 7 uns räkor, skalade och deveirade
- 1 ägg
- 3 msk kokosmjöl
- 1 msk kokosolja
- 2 msk avokado, hackad
- 1 tsk tomatpuré
- 1 msk majonnäs
- En skvätt Worcestershiresås
- 1 tsk citronsaft
- 2 citronskivor
- Salta och svartpeppar efter smak
- ½ tsk gurkmeja

Vägbeskrivning:

1. Vispa ägget med kokosolja i en skål.
2. Tillsätt bläckfiskringar och räkor och rör om.
3. I en annan skål, blanda mjöl med salt, peppar och gurkmeja och rör om.
4. Muddra bläckfisk och räkor i denna blandning, lägg allt på en klädd bakplåt, sätt in i ugnen på 400 grader F och grädda i 10 minuter.
5. Vänd bläckfisk och räkor och grädda i 10 minuter till.
6. Blanda under tiden avokado med majonnäs och tomatpuré i en skål och mosa med en gaffel.
7. Tillsätt Worcestershiresås, citronsaft, salt och peppar och rör om väl.
8. Dela upp bakad bläckfisk och räkor på tallrikar och servera med såsen och citronsaften vid sidan av.

Njut av!

Näring:kalorier 368, fett 23, fiber 3, kolhydrater 10, protein 34

Bläckfisk sallad

Det är så fräscht och lätt!

Förberedelsetid: 10 minuter

Tillagningstid: 40 minuter

Portioner: 2

Ingredienser:

- 21 uns bläckfisk, sköljd
- Saften av 1 citron
- 4 stjälkar selleri, hackade
- 3 uns olivolja
- Salta och svartpeppar efter smak
- 4 matskedar persilja, hackad

Vägbeskrivning:

1. Lägg bläckfisken i en kastrull, tillsätt vatten så att den täcker, täck grytan, låt koka upp på medelvärme, koka i 40 minuter, låt rinna av och låt svalna.
2. Hacka bläckfisk och lägg den i en salladsskål.
3. Tillsätt selleristjälkar, persilja, olja och citronsaft och blanda väl.
4. Krydda med salt och peppar, rör om igen och servera.

Njut av!

Näring:kalorier 140, fett 10, fiber 3, kolhydrater 6, protein 23

Musselsoppa

Den är perfekt för en väldigt kall vinterdag!

Förberedelsetid: 10 minuter

Tillagningstid: 2 timmar

Portioner: 4

Ingredienser:

- 1 dl selleristjälk, hackad
- Salta och svartpeppar efter smak
- 1 tsk timjan, malen
- 2 dl kycklingfond
- 14 uns konserverad baby musslor
- 2 dl vispgrädde
- 1 dl lök, hackad
- 13 baconskivor, hackade

Vägbeskrivning:

1. Hetta upp en panna på medelvärme, lägg i baconskivor, bryn dem och lägg över i en skål.
2. Hetta upp samma panna på medelvärme, tillsätt selleri och lök, rör om och koka i 5 minuter.

3. Överför allt till din Crockpot, tillsätt även bacon, musslor, salt, peppar, fond, timjan och vispgrädde, rör om och koka på High i 2 timmar.

4. Fördela i skålar och servera.

Njut av!

Näring:kalorier 420, fett 22, fiber 0, kolhydrater 5, protein 25

Läckra flundra Och Räkor

Du har precis fått möjligheten att lära dig ett fantastiskt keto-recept!

Förberedelsetid: 10 minuter

Tillagningstid: 20 minuter

Portioner: 4

Ingredienser:

Till smaksättningen:

- 2 tsk lökpulver
- 2 tsk timjan, torkad
- 2 tsk söt paprika
- 2 tsk vitlökspulver
- Salta och svartpeppar efter smak
- ½ tsk kryddpeppar, mald
- 1 tsk oregano, torkad
- En nypa cayennepeppar
- ¼ tesked muskot, mald
- ¼ tesked kryddnejlika
- En nypa kanelpulver

Till etouffeen:

- 2 schalottenlök, hackade
- 1 matsked ghee
- 8 uns bacon, skivad
- 1 grön paprika, hackad
- 1 st selleri, hackad
- 2 msk kokosmjöl
- 1 tomat, hackad
- 4 vitlöksklyftor, hackade
- 8 uns räkor, skalade, deveirade och hackade
- 2 dl kycklingfond
- 1 msk kokosmjölk
- En näve persilja, hackad
- 1 tsk Tabascosås
- Salta och svartpeppar efter smak

För flundran:

- 4 flundrafiléer
- 2 matskedar ghee

Vägbeskrivning:

1. Blanda i en skål paprika med timjan, vitlök och lökpulver, salt, peppar, oregano, kryddpeppar, cayennepeppar, kryddnejlika, muskotnöt och kanel och rör om.
2. Spara 2 matskedar av denna blandning, gnugga flundran med resten och låt stå åt sidan.
3. Hetta upp en panna på medelvärme, tillsätt bacon, rör om och koka i 6 minuter.
4. Tillsätt selleri, paprika, schalottenlök och 1 msk ghee, rör om och koka i 4 minuter.
5. Tillsätt tomat och vitlök, rör om och koka i 4 minuter.
6. Tillsätt kokosmjöl och reserverad krydda, rör om och koka i 2 minuter till.
7. Tillsätt kycklingfond och låt koka upp.
8. Värm under tiden upp en panna med 2 msk ghee på medelhög värme, tillsätt fisk, koka i 2 minuter, vänd och skär i 2 minuter till.
9. Tillsätt räkor i pannan med fonden, rör om och koka i 2 minuter.
10. Tillsätt persilja, salt, peppar, kokosmjölk och tabascosås, rör om och ta av värmen.
11. Dela fisken på tallrikar, toppa med räksåsen och servera.

Njut av!

Näring:kalorier 200, fett 5, fibrer 7, kolhydrater 4, protein 20

Räksallad

Servera denna fräscha sallad till middag ikväll!

Förberedelsetid: 10 minuter

Tillagningstid: 10 minuter

Portioner: 4

Ingredienser:

- 2 matskedar olivolja
- 1 pund räkor, skalade och deveirade
- Salta och svartpeppar efter smak
- 2 msk limejuice
- 3 endivier, bladen separerade
- 3 msk persilja, hackad
- 2 tsk mynta, hackad
- 1 msk dragon, hackad
- 1 msk citronsaft
- 2 msk majonnäs
- 1 tsk limeskal
- ½ kopp gräddfil

Vägbeskrivning:

1. Blanda räkor med salt, peppar och olivolja i en skål, rör om och sprid ut dem på en bakplåtspappersklädd plåt.

2. Sätt in räkor i ugnen vid 400 grader F och grädda i 10 minuter.

3. Tillsätt limejuice, låt dem täcka igen och låt stå åt sidan tills vidare.

4. Blanda majonnäs med gräddfil, limeskal, citronsaft, salt, peppar, dragon, mynta och persilja i en skål och rör om mycket väl.

5. Hacka räkor, lägg till salladsdressing, släng för att täcka allt och häll i endivblad.

6. Servera direkt.

Njut av!

Näring:kalorier 200, fett 11, fiber 2, kolhydrater 1, protein 13

Läckra ostron

Denna speciella och smaksatta rätt är här för att imponera på dig!

Förberedelsetid: 10 minuter

Tillagningstid: 0 minuter

Portioner: 4

Ingredienser:

- 12 ostron, shucked
- Saften av 1 citron
- Saft från 1 apelsin
- Skal från 1 apelsin
- Saft från 1 lime
- Skal från 1 lime
- 2 matskedar ketchup
- 1 Serrano chilipeppar, hackad
- 1 kopp tomatjuice
- ½ tsk ingefära, riven
- ¼ tesked vitlök, finhackad
- Salta efter smak
- ¼ kopp olivolja
- ¼ kopp koriander, hackad

- ¼ kopp salladslök, hackad

Vägbeskrivning:

1. Blanda i en skål citronsaft, apelsinjuice, apelsinskal, limejuice och -zest, ketchup, chilipeppar, tomatjuice, ingefära, vitlök, olja, salladslök, koriander och salt och rör om väl.
2. Häll detta i ostron och servera dem.

Njut av!

Näring:kalorier 100, fett 1, fiber 0, kolhydrater 2, protein 5

Otroliga laxrullar

Den här asiatiska rätten är bara utsökt!

Förberedelsetid: 10 minuter

Tillagningstid: 0 minuter

Portioner: 12

Ingredienser:

- 2 nori frön
- 1 liten avokado, urkärnad, skalad och finhackad
- 6 uns rökt lax. Skivad
- 4 uns färskost
- 1 gurka, skivad
- 1 tsk wasabipasta
- Plockad ingefära till servering

Vägbeskrivning:

1. Lägg nori-ark på en sushimatta.
2. Dela laxskivor på dem och även avokado- och gurkskivor.
3. Blanda färskost med wasabipasta i en skål och rör om väl.

4. Bred ut detta över gurkskivor, rulla dina noriark, tryck till ordentligt, skär var och en i 6 bitar och servera med inlagd ingefära.

Njut av!

Näring:kalorier 80, fett 6, fiber 1, kolhydrater 2, protein 4

Laxspett

Dessa är lätta att göra och de är väldigt nyttiga!

Förberedelsetid: 10 minuter

Tillagningstid: 8 minuter

Portioner: 4

Ingredienser:

- 12 uns laxfilé, i tärningar
- 1 rödlök, skuren i bitar
- ½ röd paprika skuren i bitar
- ½ grön paprika skuren i bitar
- ½ apelsin paprika skuren i bitar
- Saft från 1 citron
- Salta och svartpeppar efter smak
- En klick olivolja

Vägbeskrivning:

1. Trä spett med lök, röd, grön och orange peppar och laxtärningar.
2. Krydda dem med salt och peppar, ringla över olja och citronsaft och lägg dem på förvärmd grill på medelhög värme.

3. Koka i 4 minuter på varje sida, dela mellan tallrikar och
    servera.

Njut av!

Näring:kalorier 150, fett 3, fibrer 6, kolhydrater 3, protein 8

Grillade räkor

Detta är perfekt! Kolla bara upp det!

Förberedelsetid: 20 minuter

Tillagningstid: 10 minuter

Portioner: 4

Ingredienser:

- 1 pund räkor, skalade och deveirade
- 1 msk citronsaft
- 1 vitlöksklyfta, finhackad
- ½ kopp basilikablad
- 1 msk pinjenötter, rostade
- 2 msk parmesan, riven
- 2 matskedar olivolja
- Salta och svartpeppar efter smak

Vägbeskrivning:

1. I din matberedare, blanda parmesan med basilika, vitlök, pinjenötter, olja, salt, peppar och citronsaft och blanda väl.
2. Överför detta till en skål, tillsätt räkor, rör om och låt stå åt sidan i 20 minuter.

3. Trä spett med marinerade räkor, lägg dem på förvärmd grill på medelhög värme, koka i 3 minuter, vänd och koka i 3 minuter till.

4. Lägg upp på tallrikar och servera.

Njut av!

Näring:kalorier 185, fett 11, fiber 0, kolhydrater 2, protein 13

Bläckfisk sallad

Det är ett utmärkt val för en sommardag!

Förberedelsetid: 30 minuter

Tillagningstid: 4 minuter

Portioner: 4

Ingredienser:

- 2 långa röda chili, hackade
- 2 små röda chili, hackade
- 2 vitlöksklyftor, hackade
- 3 salladslökar, hackade
- 1 msk balsamvinäger
- Salta och svartpeppar efter smak
- Saften av 1 citron
- 6 pund calamari huvor, tentakler reserverade
- 3,5 uns olivolja
- 3 uns raket för servering

Vägbeskrivning:

1. Blanda i en skål långa röda chili med små röda chili, salladslök, vinäger, hälften av oljan, vitlök, salt, peppar och citronsaft och rör om väl.

2. Lägg bläckfisk och tentakler i en skål, smaka av med salt och peppar, ringla över resten av oljan, rör om och lägg på en förvärmd grill på medelhög värme.

3. Koka i 2 minuter på varje sida och överför till chiliminaden du har gjort.

4. Kasta till beläggning och låt stå åt sidan i 30 minuter.

5. Lägg upp rucola på tallrikar, toppa med bläckfisk och dess marinad och servera.

Njut av!

Näring:kalorier 200, fett 4, fiber 2, kolhydrater 2, protein 7

Torsksallad

Det är alltid värt att testa något nytt!

Förberedelsetid:2 timmar och 10 minuter

Tillagningstid: 20 minuter

Portioner: 8

Ingredienser:

- 2 koppar burk pimiento paprika, hackad
- 2 pund salt torsk
- 1 dl persilja, hackad
- 1 kopp kalamataoliver, urkärnade och hackade
- 6 matskedar kapris
- ¾ kopp olivolja
- Salta och svartpeppar efter smak
- Saft från 2 citroner
- 4 vitlöksklyftor, hackade
- 2 revbenselleri, hackade
- ½ tsk röda chiliflakes
- 1 escarolehuvud, bladen separerade

Vägbeskrivning:

1. Lägg torsken i en gryta, tillsätt vatten så att den täcker, koka upp på medelvärme, koka i 20 minuter, låt rinna av och skär i medelstora bitar.
2. Lägg torsken i en salladsskål, tillsätt paprika, persilja, oliver, kapris, selleri, vitlök, citronsaft, salt, peppar, olivolja och chiliflakes och rör om.
3. Lägg upp escaroleblad på ett fat, lägg på torsksallad och servera.

Njut av!

Näring:kalorier 240, fett 4, fiber 2, kolhydrater 6, protein 9

Sardiner sallad

Det är en rik och näringsrik vintersallad du måste prova snart!

Förberedelsetid: 10 minuter

Tillagningstid: 0 minuter

Portioner: 1

Ingredienser:

- 5 uns konserverade sardiner i olja
- 1 msk citronsaft
- 1 liten gurka, hackad
- ½ matsked senap
- Salta och svartpeppar efter smak

Vägbeskrivning:

1. Häll av sardinerna, lägg dem i en skål och mosa med en gaffel.
2. Tillsätt salt, peppar, gurka, citronsaft och senap, rör om väl och servera kallt.

Njut av!

Näring:kalorier 200, fett 20, fiber 1, kolhydrater 0, protein 20

Italienska musslor Delight

Det är en speciell italiensk fröjd! Servera denna fantastiska rätt till din familj!

Förberedelsetid: 10 minuter

Tillagningstid: 10 minuter

Portioner: 6

Ingredienser:

- ½ kopp ghee
- 36 musslor, skurade
- 1 tsk röd paprikaflingor, krossade
- 1 tsk persilja, hackad
- 5 vitlöksklyftor, hackade
- 1 msk oregano, torkad
- 2 dl vitt vin

Vägbeskrivning:

1. Hetta upp en panna med ghee på medelvärme, tillsätt vitlök, rör om och koka i 1 minut.
2. Tillsätt persilja, oregano, vin och pepparflingor och rör om väl.

3. Tillsätt musslor, rör om, täck över och koka i 10 minuter.
4. Kasta oöppnade musslor, slev musslor och deras blandning i skålar och servera.

Njut av!

Näring:kalorier 224, fett 15, fiber 2, kolhydrater 3, protein 4

Orange glaserad lax

Du måste prova detta snart! Det är ett utsökt recept på ketofisk!

Förberedelsetid: 10 minuter

Tillagningstid: 10 minuter

Portioner: 2

Ingredienser:

- 2 citroner, skivade
- 1 pund vild lax, utan skinn och tärningar
- ¼ kopp balsamvinäger
- ¼ kopp röd apelsinjuice
- 1 tsk kokosolja
- 1/3 kopp apelsinmarmelad, inget socker tillsatt

Vägbeskrivning:

1. Hetta upp en gryta på medelvärme, tillsätt vinäger, apelsinjuice och marmelad, rör om väl, låt sjuda i 1 minut, sänk temperaturen, koka tills det tjocknar lite och ta av värmen.
2. Lägg lax- och citronskivor på spett och pensla dem på ena sidan med apelsinglasyren.

3. Pensla din köksgrill med kokosolja och värm upp på medelvärme.
4. Lägg laxkebaben på grillen med den glaserade sidan nedåt och koka i 4 minuter.
5. Vänd kebab, pensla dem med resten av apelsinglasyren och koka i 4 minuter till.
6. Servera direkt.

Njut av!

Näring:kalorier 160, fett 3, fiber 2, kolhydrater 1, protein 8

Läcker tonfisk och chimichurrisås

Vem skulle inte älska denna ketorätt?

Förberedelsetid: 10 minuter

Tillagningstid: 5 minuter

Portioner: 4

Ingredienser:

- ½ kopp koriander, hackad
- 1/3 kopp olivolja
- 2 matskedar olivolja
- 1 liten rödlök, hackad
- 3 msk balsamvinäger
- 2 msk persilja, hackad
- 2 msk basilika, hackad
- 1 jalapenopeppar, hackad
- 1 pund tonfiskbiff av sushikvalitet
- Salta och svartpeppar efter smak
- 1 tsk röd paprikaflingor
- 1 tsk timjan, hackad
- En nypa cayennepeppar
- 3 vitlöksklyftor, hackade

- 2 avokado, urkärnade, skalade och skivade
- 6 uns baby ruccola

Vägbeskrivning:

1. I en skål, blanda 1/3 kopp olja med jalapeno, vinäger, lök, koriander, basilika, vitlök, persilja, pepparflingor, timjan, cayennepeppar, salt och peppar, vispa väl och låt stå åt sidan tills vidare.

2. Hetta upp en panna med resten av oljan på medelhög värme, tillsätt tonfisk, smaka av med salt och peppar, låt koka i 2 minuter på varje sida, lägg över på en skärbräda, låt svalna lite och skiva.

3. Blanda ruccola med hälften av chimichurri-mixen du har gjort och rör om för att täcka.

4. Dela ruccola på tallrikar, toppa med tonfiskskivor, ringla över resten av chimichurrisåsen och servera med avokadoskivor vid sidan av.

Njut av!

Näring:kalorier 186, fett 3, fiber 1, kolhydrater 4, protein 20

Laxbett Och Chilisås

Detta är en fantastisk och supergod kombination!

Förberedelsetid: 10 minuter

Tillagningstid: 15 minuter

Portioner: 6

Ingredienser:

- 1 och ¼ koppar kokos, torkad och osötad
- 1 pund lax, i tärningar
- 1 ägg
- Salt och svartpeppar
- 1 matsked vatten
- 1/3 kopp kokosmjöl
- 3 matskedar kokosolja

Till såsen:

- ¼ tesked agar agar
- 3 vitlöksklyftor, hackade
- ¾ kopp vatten
- 4 thailändska röda chili, hackade
- ¼ kopp balsamvinäger
- ½ kopp stevia

- En nypa salt

Vägbeskrivning:

1. Blanda mjöl med salt och peppar i en skål och rör om.
2. I en annan skål, vispa ägg och 1 msk vatten.
3. Lägg kokosen i en tredje skål.
4. Doppa laxtärningar i mjöl, ägg och sedan i kokos och lägg dem på en tallrik.
5. Hetta upp en panna med kokosolja på medelhög värme, tillsätt laxbitar, koka i 3 minuter på varje sida och överför dem till hushållspapper.
6. Hetta upp en panna med ¾ dl vatten på hög värme, strö över agar-agar och koka upp.
7. Koka i 3 minuter och ta av värmen.
8. I din mixer, blanda vitlök med chili, vinäger, stevia och en nypa salt och blanda väl.
9. Överför detta till en liten kastrull och värm upp på medelhög värme.
10. Rör om, tillsätt agarmix och koka i 3 minuter.
11. Servera dina laxbitar med chilisås vid sidan av.

Njut av!

Näring:kalorier 50, fett 2, fiber 0, kolhydrater 4, protein 2

Irländska musslor

Det är en utmärkt idé för din middag!

Förberedelsetid: 10 minuter

Tillagningstid: 10 minuter

Portioner: 4

Ingredienser:

- 2 pund musslor, skurade
- 3 uns pancetta
- 1 msk olivolja
- 3 matskedar ghee
- 2 vitlöksklyftor, hackade
- 1 flaska infunderad cider
- Salta och svartpeppar efter smak
- Saften av ½ citron
- 1 litet grönt äpple, hackat
- 2 timjanfjädrar, hackade

Vägbeskrivning:

1. Hetta upp en panna med olja på medelhög värme, tillsätt pancetta, bryn i 3 minuter och sänk temperaturen till medelhög.

2. Tillsätt ghee, vitlök, salt, peppar och schalottenlök, rör
   om och koka i 3 minuter.

3. Öka värmen igen, tillsätt cider, rör om väl och koka i 1
   minut.

4. Tillsätt musslor och timjan, täck pannan och låt sjuda i
   5 minuter.

5. Släng oöppnade musslor, tillsätt citronsaft och
   äppelbitar, rör om och dela i skålar.

6. Servera varm.

Njut av!

Näring:kalorier 100, fett 2, fiber 1, kolhydrater 1, protein 20

Grillade Pilgrimsmusslor Och Rostade Druvor

Ett speciellt tillfälle kräver en speciell rätt! Prova dessa keto pilgrimsmusslor!

Förberedelsetid: 5 minuter

Tillagningstid: 10 minuter

Portioner: 4

Ingredienser:

- 1 pund pilgrimsmusslor
- 3 matskedar olivolja
- 1 schalottenlök, hackad
- 3 vitlöksklyftor, hackade
- 2 dl spenat
- 1 dl kycklingfond
- 1 romanesco salladshuvud
- 1 och ½ koppar röda druvor, skurna i halvor
- ¼ kopp valnötter, rostade och hackade
- 1 matsked ghee
- Salta och svartpeppar efter smak

Vägbeskrivning:

1. Lägg romanesco i din matberedare, mixa och lägg över i en skål.
2. Hetta upp en panna med 2 msk olja på medelhög värme, tillsätt schalottenlök och vitlök, rör om och koka i 1 minut.
3. Tillsätt romanesco, spenat och 1 dl fond, rör om, koka i 3 minuter, mixa med en stavmixer och ta av värmen.
4. Hetta upp ytterligare en panna med 1 msk olja och ghee på medelhög värme, tillsätt pilgrimsmusslor, krydda med salt och peppar, koka i 2 minuter, vänd och stek i 1 minut till.
5. Dela romanescomix på tallrikar, lägg på pilgrimsmusslor vid sidan om, toppa med valnötter och vindruvor och servera.

Njut av!

Näring:kalorier 300, fett 12, fiber 2, kolhydrater 6, protein 20

Ostron och Pico De Gallo

Det är smaksatt och väldigt gott!

Förberedelsetid: 10 minuter

Tillagningstid: 10 minuter

Portioner: 6

Ingredienser:

- 18 ostron, skrubbade
- En näve koriander, hackad
- 2 tomater, hackade
- 1 jalapenopeppar, hackad
- ¼ kopp rödlök, finhackad
- Salta och svartpeppar efter smak
- ½ kopp Monterey Jack ost, strimlad
- 2 limefrukter, skurna i klyftor
- Saft från 1 lime

Vägbeskrivning:

1. Blanda i en skål lök med jalapeno, koriander, tomater, salt, peppar och limejuice och rör om väl.
2. Placera ostron på förvärmd grill på medelhög värme, täck grillen och koka i 7 minuter tills de öppnar sig.

3. Överför öppnade ostron till en värmesäker skål och kassera oöppnade.

4. Toppa ostron med ost och lägg i en förvärmd broiler i 1 minut.

5. Ordna ostron på ett fat, toppa var och en med tomatmix du har gjort tidigare och servera med limeklyftor vid sidan av.

Njut av!

Näring:kalorier 70, fett 2, fiber 0, kolhydrater 1, protein 1

Grillad bläckfisk och välsmakande guacamole

Bläckfisken kombineras perfekt med den läckra guacamole!

Förberedelsetid: 10 minuter

Tillagningstid: 10 minuter

Portioner: 2

Ingredienser:

- 2 medelstora bläckfiskar, tentakler separerade och rör skårade på längden
- En klick olivolja
- Saft från 1 lime
- Salta och svartpeppar efter smak

För guacamole:

- 2 avokado, urkärnade, skalade och hackade
- Några korianderfjädrar, hackade
- 2 röda chili, hackade
- 1 tomat, hackad
- 1 rödlök, hackad
- Saft från 2 limefrukter

Vägbeskrivning:

1. Krydda bläckfisk och bläckfisktentakler med salt, peppar, ringla över lite olivolja och massera in väl.
2. Placera på förvärmd grill på medelhög värme med brytsidan nedåt och koka i 2 minuter.
3. Vänd och koka i 2 minuter till och överför till en skål.
4. Tillsätt juice från 1 lime, rör om och håll varmt.
5. Lägg avokadon i en skål och mosa med en gaffel.
6. Tillsätt koriander, chili, tomat, lök och juice från 2 limefrukter och rör om allt väl.
7. Dela bläckfisk på tallrikar, toppa med guacamole och servera.

Njut av!

Näring:kalorier 500, fett 43, fibrer 6, kolhydrater 7, protein 20

Räkor Och Blomkålsglädje

Det ser gott ut och det smakar fantastiskt!

Förberedelsetid: 10 minuter

Tillagningstid: 15 minuter

Portioner: 2

Ingredienser:

- 1 matsked ghee
- 1 blomkålshuvud, buketter separerade
- 1 pund räkor, skalade och deveirade
- ¼ kopp kokosmjölk
- 8 uns svamp, grovt hackad
- En nypa röd paprikaflingor
- Salta och svartpeppar efter smak
- 2 vitlöksklyftor, hackade
- 4 baconskivor
- ½ dl nötbuljong
- 1 msk persilja, finhackad
- 1 msk gräslök, hackad

Vägbeskrivning:

1. Hetta upp en panna på medelhög värme, tillsätt bacon, koka tills det är knaprigt, överför till hushållspapper och låt stå åt sidan.

2. Hetta upp ytterligare en panna med 1 msk baconfett över medelhög värme, tillsätt räkor, koka i 2 minuter på varje sida och överför till en skål.

3. Hetta upp pannan igen på medelvärme, tillsätt svamp, rör om och koka i 3-4 minuter.

4. Tillsätt vitlök, pepparflingor, rör om och koka i 1 minut.

5. Tillsätt köttbuljong, salt, peppar och lägg tillbaka räkorna i pannan också.

6. Rör om, koka tills allt tjocknar lite, ta av värmen och håll varmt.

7. Lägg under tiden blomkål i din matberedare och hacka den.

8. Lägg detta i en uppvärmd panna på medelhög värme, rör om och koka i 5 minuter.

9. Tillsätt ghee och smör, rör om och mixa med en stavmixer.

10. Salta och peppra efter smak, rör om och dela i skålar.

11. Toppa med räkmix och servera med persilja och gräslök strös över.

Njut av!

Näring: kalorier 245, fett 7, fibrer 4, kolhydrater 6, protein 20

Lax Fylld Med Räkor

Det kommer snart att bli ett av dina favoritketo-recept!

Förberedelsetid: 10 minuter

Tillagningstid: 25 minuter

Portioner: 2

Ingredienser:

- 2 laxfiléer
- En klick olivolja
- 5 uns tigerräkor, skalade, deveirade och hackade
- 6 champinjoner, hackade
- 3 salladslökar, hackade
- 2 dl spenat
- ¼ kopp macadamianötter, rostade och hackade
- Salta och svartpeppar efter smak
- En nypa muskotnöt
- ¼ kopp majonnäs

Vägbeskrivning:

1. Hetta upp en panna med olja på medelhög värme, tillsätt svamp, lök, salt och peppar, rör om och koka i 4 minuter.

2. Tillsätt macadamianötter, rör om och koka i 2 minuter.

3. Tillsätt spenat, rör om och koka i 1 minut.

4. Tillsätt räkor, rör om och koka i 1 minut.

5. Ta av värmen, låt stå åt sidan i några minuter, tillsätt majonnäs och muskotnöt och rör om väl.

6. Skär ett snitt på längden i varje laxfilé, strö över salt och peppar, dela spenat- och räkmix i snitt och lägg på en arbetsyta.

7. Hetta upp en panna med en klick olja på medelhög värme, tillsätt fylld lax med skinnsidan nedåt, koka i 1 minut, sänk temperaturen, täck pannan och koka i 8 minuter.

8. Stek i 3 minuter, dela mellan tallrikar och servera.

Njut av!

Näring:kalorier 430, fett 30, fiber 3, kolhydrater 7, protein 50

Senapsglaserad lax

Detta är en av våra favorit keto laxrätter! Du kommer att känna likadant!

Förberedelsetid: 10 minuter

Tillagningstid: 20 minuter

Portioner: 1

Ingredienser:

- 1 stor laxfilé
- Salta och svartpeppar efter smak
- 2 msk senap
- 1 msk kokosolja
- 1 msk lönnextrakt

Vägbeskrivning:

1. Blanda lönnextrakt med senap i en skål och vispa väl.
2. Krydda laxen med salt och peppar och pensla laxen med hälften av senapsblandningen
3. Hetta upp en panna med olja på medelhög värme, lägg laxen med köttsidan nedåt och koka i 5 minuter.

4. Pensla laxen med resten av senapsblandningen, överför till en ugnsform, sätt in i ugnen på 425 grader F och grädda i 15 minuter.

5. Servera med en smakrik sidosallad.

Njut av!

Näring:kalorier 240, fett 7, fiber 1, kolhydrater 5, protein 23

Otrolig laxrätt

Du kommer att göra detta om och om igen!

Förberedelsetid: 10 minuter

Tillagningstid: 15 minuter

Portioner: 4

Ingredienser:

- 3 koppar isvatten
- 2 tsk srirachasås
- 4 tsk stevia
- 3 salladslökar, hackade
- Salta och svartpeppar efter smak
- 2 tsk linfröolja
- 4 tsk äppelcidervinäger
- 3 tsk avokadoolja
- 4 medelstora laxfiléer
- 4 koppar baby ruccola
- 2 dl vitkål, finhackad
- 1 och ½ tsk jamaicansk jerkkrydda
- ¼ kopp pepitas, rostade
- 2 dl vattenmelonrädisa, skuren

Vägbeskrivning:

1. Lägg isvatten i en skål, tillsätt salladslök och låt stå åt sidan.
2. Blanda srirachasås med stevia i en annan skål och rör om väl.
3. Överför 2 teskedar av denna blandning till en skål och blanda med hälften av avokadooljan, linfröoljan, vinägern, salt och peppar och vispa väl.
4. Strö jerkkrydda över laxen, gnid in med sriracha och steviamix och smaka av med salt och peppar.
5. Hetta upp en panna med resten av avokadooljan på medelhög värme, tillsätt lax med köttsidan nedåt, koka i 4 minuter, vänd och koka i 4 minuter till och dela mellan tallrikarna.
6. Blanda rädisor med kål och ruccola i en skål.
7. Tillsätt salt, peppar, sriracha och vinägermix och blanda väl.
8. Lägg detta bredvid laxfiléer, ringla över resterande sriracha och steviasås över det hela och toppa med pepitas och avrunnen salladslök.

Njut av!

Näring:kalorier 160, fett 6, fiber 1, kolhydrater 1, protein 12

Pilgrimsmusslor Och Fänkålssås

Den innehåller mycket nyttiga ingredienser och den är enkel att göra! Prova det om du är på en ketodiet!

Förberedelsetid: 10 minuter

Tillagningstid: 10 minuter

Portioner: 2

Ingredienser:

- 6 pilgrimsmusslor
- 1 fänkål, putsad, löv hackade och lökar skurna i klyftor
- Saft av ½ lime
- 1 lime, skuren i klyftor
- Skal från 1 lime
- 1 äggula
- 3 msk ghee, smält och värmt upp
- ½ msk olivolja
- Salta och svartpeppar efter smak

Vägbeskrivning:

1. Krydda pilgrimsmusslorna med salt och peppar, lägg i en skål och blanda med hälften av limesaften och hälften av skalet och rör om.

2. Blanda i en skål äggula med lite salt och peppar, resten av limesaften och resten av limeskalet och vispa väl.

3. Tillsätt smält ghee och rör om mycket väl.

4. Tillsätt även fänkålsblad och rör om.

5. Pensla fänkålsklyftor med olja, lägg på uppvärmd grill på medelhög värme, koka i 2 minuter, vänd och koka i 2 minuter till.

6. Lägg pilgrimsmusslor på grillen, koka i 2 minuter, vänd och koka i 2 minuter till.

7. Dela fänkål och pilgrimsmusslor på tallrikar, ringla över fänkål och gheemix och servera med limeklyftor vid sidan av.

Njut av!

Näring:kalorier 400, fett 24, fiber 4, kolhydrater 12, protein 25

Lax Och Citronrelish

Njut av en långsamt tillagad lax och en läcker smak!

Förberedelsetid: 10 minuter

Tillagningstid: 1 timme

Portioner: 2

Ingredienser:

- 2 medelstora laxfiléer
- Salta och svartpeppar efter smak
- En klick olivolja
- 1 schalottenlök, hackad
- 1 msk citronsaft
- 1 stor citron
- ¼ kopp olivolja
- 2 msk persilja, finhackad

Vägbeskrivning:

1. Pensla laxfiléerna med en klick olivolja, strö över salt och peppar, lägg på en klädd plåt, sätt in i ugnen på 400 grader F och grädda i 1 timme.

2. Lägg under tiden schalottenlök i en skål, tillsätt 1 msk citronsaft, salt och peppar, rör om och låt stå i 10 minuter.
3. Skär hela citronen i klyftor och sedan mycket tunt.
4. Tillsätt detta till schalottenlök, tillsätt även persilja och ¼ kopp olivolja och rör om allt.
5. Ta ut laxen ur ugnen, bryt i medelstora bitar och servera med citronrelishen vid sidan av.

Njut av!

Näring:kalorier 200, fett 10, fiber 1, kolhydrater 5, protein 20

Musselsoppa

Herregud! Det här är så bra!

Förberedelsetid: 10 minuter

Tillagningstid: 15 minuter

Portioner: 6

Ingredienser:

- 2 pund musslor
- 28 uns konserverade tomater, krossade
- 28 uns konserverade tomater, hackade
- 2 dl kycklingfond
- 1 tsk röd paprikaflingor, krossade
- 3 vitlöksklyftor, hackade
- 1 näve persilja, hackad
- 1 gul lök, hackad
- Salta och svartpeppar efter smak
- 1 msk olivolja

Vägbeskrivning:

1. Värm upp en holländsk ugn med olja på medelhög värme, tillsätt lök, rör om och stek i 3 minuter.

2. Tillsätt vitlök och rödpepparflingor, rör om och koka i 1 minut.

3. Tillsätt krossade och hackade tomater och rör om.

4. Tillsätt kycklingfond, salt och peppar, rör om och låt koka upp.

5. Tillsätt sköljda musslor, salt och peppar, koka tills de öppnar sig, kassera oöppnade och blanda med persilja.

6. Rör om, dela i skålar och servera.

Njut av!

Näring:kalorier 250, fett 3, fiber 3, kolhydrater 2, protein 8

Svärdfisk Och Mango Salsa

Mangosalsan är gudomlig! Servera den bara till svärdfisken!

Förberedelsetid: 10 minuter

Tillagningstid: 6 minuter

Portioner: 2

Ingredienser:

- 2 medelstora svärdfiskbiffar
- Salta och svartpeppar efter smak
- 2 tsk avokadoolja
- 1 msk koriander, hackad
- 1 mango, hackad
- 1 avokado, urkärnad, skalad och hackad
- En nypa spiskummin
- En nypa lökpulver
- En nypa vitlökspulver
- 1 apelsin, skalad och skivad
- ½ balsamvinäger

Vägbeskrivning:

1. Krydda fiskbiffar med salt, peppar, vitlökspulver, lökpulver och spiskummin.

2. Hetta upp en panna med hälften av oljan på medelhög värme, tillsätt fiskbiffar och stek dem i 3 minuter på varje sida.

3. Blanda under tiden i en skål avokado med mango, koriander, balsamvinäger, salt, peppar och resten av oljan och rör om väl.

4. Dela fisken på tallrikar, toppa med mangosalsa och servera med apelsinskivor vid sidan av.

Njut av!

Näring:kalorier 160, fett 3, fiber 2, kolhydrater 4, protein 8

Smakfull Sushi Bowl

Det är ett gott recept fullt av fantastiska ingredienser!

Förberedelsetid: 10 minuter

Tillagningstid: 7 minuter

Portioner: 4

Ingredienser:

- 1 ahi tonfiskbiff
- 2 msk kokosolja
- 1 blomkålshuvud, buketter separerade
- 2 matskedar salladslök, hackad
- 1 avokado, urkärnad, skalad och hackad
- 1 gurka, riven
- 1 nori-ark, rivet
- Några kryddnejlika groddar

Till salladsdressingen:

- 1 msk sesamolja
- 2 matskedar kokos aminos
- 1 msk äppelcidervinäger
- En nypa salt
- 1 tsk stevia

Vägbeskrivning:

1. Lägg blomkålsbuketter i din matberedare och mixa tills du får ett blomkålsris.

2. Häll lite vatten i en kastrull, lägg till en ångkorg inuti, tillsätt blomkålsris, koka upp på medelvärme, täck över, ånga i några minuter, låt rinna av och överför "ris" till en skål.

3. Hetta upp en panna med kokosolja på medelhög värme, tillsätt tonfisk, koka i 1 minut på varje sida och lägg över till en skärbräda.

4. Dela blomkålsris i skålar, toppa med noribitar, kryddnejlika groddar, gurka, salladslök och avokado.

5. I en skål, blanda sesamolja med vinäger, kokosaminos, salt och stevia och vispa väl.

6. Ringla detta över blomkålsris och blandade grönsaker, toppa med tonfiskbitar och servera.

Njut av!

Näring:kalorier 300, fett 12, fibrer 6, kolhydrater 6, protein 15

Välsmakande grillad svärdfisk

Du behöver inte vara en expert kock för att göra denna goda

ketorätt!

Förberedelsetid:3 timmar och 10 minuter

Tillagningstid: 10 minuter

Portioner: 4

Ingredienser:

- 1 msk persilja, hackad
- 1 citron, skuren i klyftor
- 4 svärdfiskbiffar
- 3 vitlöksklyftor, hackade
- 1/3 dl kycklingfond
- 3 matskedar olivolja
- ¼ kopp citronsaft
- Salta och svartpeppar efter smak
- ½ tsk rosmarin, torkad
- ½ tesked salvia, torkad
- ½ tsk mejram, torkad

Vägbeskrivning:

1. Blanda i en skål kycklingfond med vitlök, citronsaft, olivolja, salt, peppar, salvia, mejram och rosmarin och vispa väl.

2. Tillsätt svärdfiskbiffar, rör om och förvara i kylen i 3 timmar.

3. Lägg marinerade fiskbiffar på en förvärmd grill på medelhög värme och stek i 5 minuter på varje sida.

4. Lägg upp på tallrikar, strö persilja på och servera med citronklyftor vid sidan av.

Njut av!

Näring:kalorier 136, fett 5, fiber 0, kolhydrater 1, protein 20

Ketogena fågelrecept

Läckra kycklingnuggets

Detta är perfekt för en vänlig måltid!

Förberedelsetid: 10 minuter

Tillagningstid: 15 minuter

Portioner: 2

Ingredienser:

- ½ kopp kokosmjöl
- 1 ägg
- 2 msk vitlökspulver
- 2 kycklingbröst, i tärningar
- Salta och svartpeppar efter smak
- ½ kopp ghee

Vägbeskrivning:

1. Blanda i en skål vitlökspulver med kokosmjöl, salt och peppar och rör om.
2. Vispa ägget väl i en annan skål.
3. Doppa kycklingbrösttärningar i äggmix och sedan i mjölmix.
4. Hetta upp en panna med ghee på medelhög värme, släpp kycklingnuggets och koka dem i 5 minuter på varje sida.

5. Överför till hushållspapper, låt rinna av fett och servera
   dem sedan med lite god ketchup vid sidan av.

Njut av!

Näring:kalorier 60, fett 3, fiber 0,2, kolhydrater 3, protein 4

Kycklingvingar Och Smaklig Mintchutney

Det är så fräscht och gott!

Förberedelsetid: 20 minuter

Tillagningstid: 25 minuter

Portioner: 6

Ingredienser:

- 18 kycklingvingar, halverade
- 1 msk gurkmeja
- 1 msk spiskummin, mald
- 1 msk ingefära, riven
- 1 msk koriander, mald
- 1 matsked paprika
- En nypa cayennepeppar
- Salta och svartpeppar efter smak
- 2 matskedar olivolja

För chutney:

- Saft av ½ lime
- 1 dl myntablad
- 1 liten ingefära bit, hackad
- ¾ kopp koriander

- 1 msk olivolja
- 1 matsked vatten
- Salta och svartpeppar efter smak
- 1 Serrano peppar

Vägbeskrivning:

1. Blanda i en skål 1 msk ingefära med spiskummin, koriander, paprika, gurkmeja, salt, peppar, cayennepeppar och 2 msk olja och rör om väl.
2. Lägg till bitar av kycklingvingar till denna blandning, rör om för att täcka väl och förvara i kylen i 20 minuter.
3. Hetta upp din grill över hög värme, lägg i marinerade vingar, koka i 25 minuter, vänd dem då och då och lägg över i en skål.
4. I din mixer, blanda mynta med koriander, 1 små ingefärabitar, juice från ½ lime, 1 msk olivolja, salt, peppar, vatten och Serranopeppar och blanda mycket väl.
5. Servera dina kycklingvingar med denna sås vid sidan av.

Njut av!

Näring:kalorier 100, fett 5, fiber 1, kolhydrater 1, protein 9

Kycklingköttbullar

Skynda dig och gör dessa fantastiska köttbullar idag!

Förberedelsetid: 10 minuter

Tillagningstid: 15 minuter

Portioner: 3

Ingredienser:

- 1 pund kycklingkött, malet
- Salta och svartpeppar efter smak
- 2 msk ranchdressing
- ½ kopp mandelmjöl
- ¼ kopp cheddarost, riven
- 1 msk torr ranchkrydda
- ¼ kopp varm sås + lite till för servering
- 1 ägg

Vägbeskrivning:

1. I en skål, blanda kycklingkött med salt, peppar, ranchdressing, mjöl, torr ranchkrydda, cheddarost, varm sås och ägget och rör om mycket väl.
2. Forma 9 köttbullar, lägg dem alla på en klädd plåt och grädda vid 500 grader F i 15 minuter.

3. Servera kycklingköttbullar med varm sås vid sidan av.

Njut av!

79

Näring:kalorier 156, fett 11, fiber 1, kolhydrater 2, protein 12

Läckra grillade kycklingvingar

Du kommer att göra dessa på nolltid och de kommer att smaka underbart!

Förberedelsetid:2 timmar och 10 minuter

Tillagningstid: 15 minuter

Portioner: 5

Ingredienser:

- 2 pund vingar
- Saft från 1 lime
- 1 näve koriander, hackad
- 2 vitlöksklyftor, hackade
- 1 jalapenopeppar, hackad
- 3 matskedar kokosolja
- Salta och svartpeppar efter smak
- Limeklyftor till servering
- Ranchdipp för servering

Vägbeskrivning:

1. Blanda i en skål limejuice med koriander, vitlök, jalapeno, kokosolja, salt och peppar och vispa väl.

2. Tillsätt kycklingvingar, rör om och förvara i kylen i 2 timmar.

3. Placera kycklingvingarna på din förvärmda grill på medelhög värme och stek i 7 minuter på varje sida.

4. Servera dessa fantastiska kycklingvingar med ranchdo och limeklyftor vid sidan av.

Njut av!

Näring:kalorier 132, fett 5, fiber 1, kolhydrater 4, protein 12

Lättbakad kyckling

Det är ett väldigt enkelt recept på ketokyckling!

Förberedelsetid: 10 minuter

Tillagningstid: 20 minuter

Portioner: 4

Ingredienser:

- 4 st baconremsor
- 4 kycklingbröst
- 3 salladslökar, hackade
- 4 uns ranch dressing
- 1 uns kokos aminos
- 2 msk kokosolja
- 4 uns cheddarost, riven

Vägbeskrivning:

1. Hetta upp en panna med olja på hög värme, tillsätt kycklingbröst, koka i 7 minuter, vänd och låt koka i 7 minuter till.
2. Värm under tiden upp en annan panna på medelhög värme, tillsätt bacon, koka tills det är knaprigt, överför till hushållspapper, häll av fett och smula.

3. Överför kycklingbröst till en ugnsform, lägg till
    kokosnötaminos, smulad bacon, ost och salladslök
    ovanpå, sätt in i ugnen, sätt på broiler och tillaga vid
    hög temperatur i 5 minuter till.
4. Dela mellan tallrikar och servera varma.

Njut av!

Näring:kalorier 450, fett 24, fiber 0, kolhydrater 3, protein 60

Special italiensk kyckling

Det här är en ketorätt i italiensk stil som vi verkligen uppskattar!

Förberedelsetid: 10 minuter

Tillagningstid: 20 minuter

Portioner: 4

Ingredienser:

- ¼ kopp olivolja
- 1 rödlök, hackad
- 4 kycklingbröst, utan skinn och ben
- 4 vitlöksklyftor, hackade
- Salta och svartpeppar efter smak
- ½ kopp italienska oliver, urkärnade och hackade
- 4 ansjovisfiléer, hackade
- 1 msk kapris, hackad
- 1 pund tomater, hackade
- ½ tsk röda chiliflakes

Vägbeskrivning:

1. Krydda kycklingen med salt och peppar och gnid in hälften av oljan.

2. Lägg i en kastrull som du har värmt upp över hög temperatur, koka i 2 minuter, vänd och koka i 2 minuter till.

3. Sätt in kycklingbröst i ugnen på 450 grader F och grädda i 8 minuter.

4. Ta ut kycklingen ur ugnen och dela mellan plåtarna.

5. Hetta upp samma panna med resten av oljan på medelvärme, tillsätt kapris, lök, vitlök, oliver, ansjovis, chiliflakes och kapris, rör om och koka i 1 minut.

6. Tillsätt salt, peppar och tomater, rör om och koka i ytterligare 2 minuter.

7. Ringla detta över kycklingbröst och servera.

Njut av!

Näring:kalorier 400, fett 20, fiber 1, kolhydrater 2, protein 7

Enkel citronkyckling

Du kommer snart att se hur enkelt detta keto-recept är!

Förberedelsetid: 10 minuter

Tillagningstid: 45 minuter

Portioner: 6

Ingredienser:

- 1 hel kyckling, skuren i medelstora bitar
- Salta och svartpeppar efter smak
- Saft från 2 citroner
- Skal från 2 citroner
- Citronskal från 2 citroner

Vägbeskrivning:

1. Lägg kycklingbitarna i en ugnsform, krydda med salt och peppar efter smak och ringla citronsaft.
2. Kasta för att täcka väl, tillsätt citronskal och citronskal, sätt in i ugnen vid 375 grader F och grädda i 45 minuter.
3. Kasta citronskal, dela kyckling mellan tallrikar, ringla sås från ugnsformen över och servera.

Njut av!

Näring: kalorier 334, fett 24, fiber 2, kolhydrater 4,5, protein 27

Stekt Kyckling Och Paprikasås

Det är väldigt hälsosamt och det blir en bra middagsidé!

Förberedelsetid: 10 minuter

Tillagningstid: 20 minuter

Portioner: 5

Ingredienser:

- 1 msk kokosolja
- 3 och ½ pund kycklingbröst
- 1 dl kycklingfond
- 1 och ¼ koppar gul lök, hackad
- 1 msk limejuice
- ¼ kopp kokosmjölk
- 2 tsk paprika
- 1 tsk röd paprikaflingor
- 2 matskedar salladslök, hackad
- Salta och svartpeppar efter smak

Vägbeskrivning:

1. Hetta upp en panna med olja på medelhög värme, tillsätt kyckling, låt koka i 2 minuter på varje sida, lägg över på en tallrik och låt stå åt sidan.

2. Sänk värmen till medel, tillsätt lök i pannan och koka i 4 minuter.

3. Tillsätt fond, kokosmjölk, pepparflingor, paprika, limejuice, salt och peppar och rör om väl.

4. Lägg tillbaka kycklingen i pannan, tillsätt mer salt och peppar, täck pannan och koka i 15 minuter.

5. Dela mellan tallrikar och servera.

Njut av!

Näring:kalorier 140, fett 4, fiber 3, kolhydrater 3, protein 6

Fantastiska kycklingfajitas

Är du på humör för lite välsmakande mexikansk mat? Prova sedan nästa idé!

Förberedelsetid: 10 minuter

Tillagningstid: 15 minuter

Portioner: 4

Ingredienser:

- 2 pund kycklingbröst, utan skinn, ben och skurna i strimlor
- 1 tsk vitlökspulver
- 1 tsk chilipulver
- 2 tsk spiskummin
- 2 msk limejuice
- Salta och svartpeppar efter smak
- 1 tsk söt paprika
- 2 msk kokosolja
- 1 tsk koriander, mald
- 1 grön paprika, skivad
- 1 röd paprika, skivad
- 1 gul lök, skivad

- 1 msk koriander, hackad
- 1 avokado, urkärnad, skalad och skivad
- 2 limefrukter, skurna i klyftor

Vägbeskrivning:

1. Blanda i en skål limejuice med chilipulver, spiskummin, salt, peppar, vitlökspulver, paprika och koriander och rör om.
2. Tillsätt kycklingbitarna och rör om så att de blir ordentligt täckta.
3. Hetta upp en panna med hälften av oljan på medelhög värme, tillsätt kyckling, koka i 3 minuter på varje sida och lägg över i en skål.
4. Hetta upp pannan med resten av oljan på medelvärme, tillsätt lök och all paprika, rör om och koka i 6 minuter.
5. Lägg tillbaka kycklingen i pannan, tillsätt mer salt och peppar, rör om och dela mellan tallrikarna.
6. Toppa med avokado, limeklyftor och koriander och servera.

Njut av!

Näring:kalorier 240, fett 10, fiber 2, kolhydrater 5, protein 20

Stekpanna Kyckling Och Svamp

Kombinationen är helt underbar! Vi garanterar det!

Förberedelsetid: 10 minuter

Tillagningstid: 30 minuter

Portioner: 4

Ingredienser:

- 4 kycklinglår
- 2 dl svamp, skivad
- ¼ kopp ghee
- Salta och svartpeppar efter smak
- ½ tsk lökpulver
- ½ tsk vitlökspulver
- ½ kopp vatten
- 1 tsk dijonsenap
- 1 msk dragon, hackad

Vägbeskrivning:

1. Hetta upp en panna med hälften av ghee på medelhög värme, tillsätt kycklinglår, krydda dem med salt, peppar, vitlökspulver och lökpulver, koka i 3 minuter på varje sida och lägg över i en skål.

2. Hetta upp samma panna med resten av ghee på
    medelhög värme, tillsätt svamp, rör om och koka i 5
    minuter.
3. Tillsätt senap och vatten och rör om väl.
4. Lägg tillbaka kycklingbitarna i pannan, rör om, täck
    över och koka i 15 minuter.
5. Tillsätt dragon, rör om, koka i 5 minuter, dela mellan
    tallrikar och servera.

Njut av!

Näring:kalorier 453, fett 32, fiber 6, kolhydrater 1, protein 36

Kyckling Och Oliver Tapenade

Alla kommer att bli imponerade av denna ketorätt!

Förberedelsetid: 10 minuter

Tillagningstid: 10 minuter

Portioner: 2

Ingredienser:

- 1 kycklingbröst skuren i 4 bitar
- 2 msk kokosolja
- 3 vitlöksklyftor, krossade
- ½ kopp oliver tapenade

För tapenaden:

- 1 kopp svarta oliver, urkärnade
- Salta och svartpeppar efter smak
- 2 matskedar olivolja
- ¼ kopp persilja, hackad
- 1 msk citronsaft

Vägbeskrivning:

1. I din matberedare, blanda oliver med salt, peppar, 2 msk olivolja, citronsaft och persilja, blanda mycket väl och överför till en skål.

2. Hetta upp en panna med kokosolja på medelvärme, tillsätt vitlök, rör om och koka i 2 minuter.
3. Lägg i kycklingbitarna och stek i 4 minuter på varje sida.
4. Dela kyckling på tallrikar och toppa med olivestapenad.

Njut av!

Näring:kalorier 130, fett 12, fiber 0, kolhydrater 3, protein 20

Läckert ankbröst

Det är en extravagant rätt men det är värt att testa!

Förberedelsetid: 10 minuter

Tillagningstid: 20 minuter

Portioner: 1

Ingredienser:

- 1 medelstort ankbröst, skåra
- 1 matsked sväng
- 1 msk tung grädde
- 2 matskedar ghee
- ½ tsk apelsinextrakt
- Salta och svartpeppar efter smak
- 1 dl babyspenat
- ¼ tesked salvia

Vägbeskrivning:

1. Hetta upp en panna med ghee på medelvärme.
2. När det smält, tillsätt sväng och rör tills ghee brun.
3. Tillsätt apelsinextrakt och salvia, rör om och koka i ytterligare 2 minuter.
4. Tillsätt tjock grädde och rör om igen.

5. Värm under tiden upp en annan panna på medelhög värme, lägg till ankbröst med skinnsidan nedåt, koka i 4 minuter, vänd och koka i ytterligare 3 minuter.

6. Häll apelsinsås över ankbröst, rör om och koka ytterligare några minuter.

7. Tillsätt spenat i pannan där du har gjort såsen, rör om och koka i 1 minut.

8. Ta ankan från värmen, skiva ankbröst och lägg upp på en tallrik.

9. Ringla apelsinsåsen ovanpå och servera med spenaten vid sidan av.

Njut av!

Näring:kalorier 567, fett 56, fiber 0, kolhydrater 0, protein 35

Ankbröst med läckra grönsaker

Om du är riktigt hungrig idag så borde du verkligen testa detta
recept!

Förberedelsetid: 10 minuter

Tillagningstid: 10 minuter

Portioner: 2

Ingredienser:

- 2 ankbröst, skinn på och tunt skivade
- 2 zucchinis, skivade
- 1 msk kokosolja
- 1 st vårlök, hackad
- 1 daikon, hackad
- 2 gröna paprikor, hackade
- Salta och svartpeppar efter smak

Vägbeskrivning:

1. Hetta upp en panna med olja på medelhög värme, tillsätt vårlök, rör om och koka i 2 minuter.
2. Tillsätt zucchinis, daikon, paprika, salt och peppar, rör om och koka i 10 minuter till.

3. Hetta upp en annan panna på medelhög värme, lägg till ankskivor, låt koka i 3 minuter på varje sida och överför till pannan med grönsakerna.
4. Koka allt i 3 minuter till, dela mellan tallrikar och servera.

Njut av!

Näring:kalorier 450, fett 23, fiber 3, kolhydrater 8, protein 50

Smaklig stekt fläskmage

Denna rostade fläskmage kommer garanterat att överraska dig! Det är ett keto-recept du måste prova!

Förberedelsetid: 10 minuter

Tillagningstid:1 timme och 30 minuter

Portioner: 6

Ingredienser:

- 2 matskedar stevia
- 1 msk citronsaft
- 1 liter vatten
- 17 uns äpplen, kärnade ur och skär i klyftor
- 2 pund fläskmage, skårad
- Salta och svartpeppar efter smak
- En klick olivolja

Vägbeskrivning:

1. Blanda vatten med äpplen, citronsaft och stevia i din mixer och pulsa mycket väl.
2. Lägg fläskköttet i en ångfat och ånga i 1 timme.
3. Överför fläskmagen till en bakplåt, gnid in med en klick olja, smaka av med salt och peppar och häll äppelmosen över.

4. Sätt in i ugnen på 425 grader F i 30 minuter.

5. Skiva fläskstek, dela mellan tallrikar och servera med äppelmos på toppen.

Njut av!

Näring:kalorier 456, fett 34, fiber 4, kolhydrater 10, protein 25

Fantastiskt fyllt fläsk

Prova denna ketorätt riktigt snart!

Förberedelsetid: 10 minuter

Tillagningstid: 30 minuter

Portioner: 4

Ingredienser:

- Skal av 2 limefrukter
- Skal från 1 apelsin
- Saft från 1 apelsin
- Saft från 2 limefrukter
- 4 tsk vitlök, hackad
- ¾ kopp olivolja
- 1 kopp koriander, hackad
- 1 dl mynta, hackad
- 1 tsk oregano, torkad
- Salta och svartpeppar efter smak
- 2 tsk spiskummin, mald
- 4 fläskkarrébiffar
- 2 pickles, hackade
- 4 skinkskivor

- 6 skivor schweizisk ost

- 2 msk senap

Vägbeskrivning:

1. I din matberedare, blanda limeskal och juice med apelsinskal och juice, vitlök, olja, koriander, mynta, oregano, spiskummin, salt och peppar och blanda väl.

2. Krydda biffarna med salt och peppar, lägg dem i en skål, lägg i marinad du har gjort, rör om och låt stå ett par timmar.

3. Lägg biffarna på en arbetsyta, dela pickles, ost, senap och skinka på dem, rulla och fäst med tandpetare.

4. Hetta upp en panna på medelhög värme, lägg i fläskrullar, koka dem i 2 minuter på varje sida och överför dem till en bakplåt.

5. Sätt in i ugnen på 350 grader F och grädda i 25 minuter.

6. Dela mellan tallrikar och servera.

Njut av!

Näring:kalorier 270, fett 7, fiber 2, kolhydrater 3, protein 20

Läckra fläskkotletter

Dessa fläskkotletter är allt du behöver för att avsluta denna dag!

Förberedelsetid: 10 minuter

Tillagningstid: 40 minuter

Portioner: 3

Ingredienser:

- 8 uns svamp, skivad
- 1 tsk vitlökspulver
- 1 gul lök, hackad
- 1 kopp majonnäs
- 3 fläskkotletter, benfria
- 1 tsk muskotnöt
- 1 msk balsamvinäger
- ½ kopp kokosolja

Vägbeskrivning:

1. Hetta upp en panna med oljan på medelvärme, tillsätt svamp och lök, rör om och koka i 4 minuter.
2. Tillsätt fläskkotletter, krydda med muskotnöt och vitlökspulver och bryn på båda sidor.

3. Sätt in pannan i ugnen på 350 grader F och grädda i 30 minuter.

4. Överför fläskkotletter till tallrikar och håll dem varma.

5. Hetta upp pannan på medelvärme, tillsätt vinäger och majonnäs över svamp blanda, rör om väl och ta av värmen.

6. Ringla sås över fläskkotletter och servera.

Njut av!

Näring:kalorier 600, fett 10, fiber 1, kolhydrater 8, protein 30

Italienska fläskrullar

Du måste vara uppmärksam och lära dig hur man gör denna goda ketorätt!

Förberedelsetid: 10 minuter

Tillagningstid: 20 minuter

Portioner: 6

Ingredienser:

- 6 prosciuttoskivor
- 2 msk persilja, hackad
- 1 pund fläskkoteletter, tunt skivade
- 1/3 kopp ricottaost
- 1 msk kokosolja
- ¼ kopp gul lök, hackad
- 3 vitlöksklyftor, hackade
- 2 msk parmesan, riven
- 15 uns konserverade tomater, hackade
- 1/3 dl kycklingfond
- Salta och svartpeppar efter smak
- ½ tsk italiensk krydda

Vägbeskrivning:

1. Använd en köttpuder för att platta till fläskbitar.

2. Lägg prosciuttoskivor ovanpå varje bit, dela sedan ricotta, persilja och parmesan.

3. Rulla varje fläskbit och fäst med en tandpetare.

4. Hetta upp en panna med olja på medelvärme, lägg i fläskrullar, koka tills de är bruna på båda sidor och lägg över på en tallrik.

5. Hetta upp pannan igen på medelvärme, tillsätt vitlök och lök, rör om och koka i 5 minuter.

6. Tillsätt fond och koka i ytterligare 3 minuter.

7. Kassera tandpetare från fläskrullar och lägg tillbaka dem i pannan.

8. Tillsätt tomater, italiensk krydda, salt och peppar, rör om, låt koka upp, sänk värmen till medel-låg, täck pannan och låt koka i 30 minuter.

9. Dela mellan tallrikar och servera.

Njut av!

Näring:kalorier 280, fett 17, fiber 1, kolhydrater 2, protein 34

Citron Och Vitlök Fläsk

*Du kommer att lära dig hur man gör denna läckra ketorätt riktigt
snart!*

Förberedelsetid: 10 minuter

Tillagningstid: 30 minuter

Portioner: 4

Ingredienser:

- 3 matskedar ghee
- 4 fläskbiffar, med ben
- 1 dl kycklingfond
- Salta och svartpeppar efter smak
- En nypa citronpeppar
- 3 matskedar kokosolja
- 6 vitlöksklyftor, hackade
- 2 msk persilja, hackad
- 8 uns svamp, grovt hackad
- 1 citron, skivad

Vägbeskrivning:

1. Hetta upp en panna med 2 msk ghee och 2 msk olja på
   medelhög värme, tillsätt fläskbiffar, smaka av med salt

och peppar, koka tills de är bruna på båda sidor och överför till en tallrik.

2. Återställ pannan till medelvärme, tillsätt resten av ghee och olja och hälften av fonden.
3. Rör om väl och koka i 1 minut.
4. Tillsätt svamp och vitlök, rör om och koka i 4 minuter.
5. Tillsätt citronskivor, resten av fonden, salt, peppar och citronpeppar, rör om och koka allt i 5 minuter.
6. Lägg tillbaka fläskbiffarna i pannan och koka allt i 10 minuter till.
7. Fördela biffar och sås mellan tallrikar och servera.

Njut av!

Näring:kalorier 456, fett 25, fiber 1, kolhydrater 6, protein 40

Jamaicanskt fläsk

Denna enkla ketorätt kommer att göra dig till en stjärna i köket!

Förberedelsetid: 10 minuter

Tillagningstid: 45 minuter

Portioner: 12

Ingredienser:

- 4 pund fläskaxel
- 1 msk kokosolja
- ½ dl nötbuljong
- ¼ kopp Jamaican jerk kryddblandning

Vägbeskrivning:

1. Gnid fläsk med jamaicansk mix och lägg i din snabbgryta.
2. Tillsätt olja i grytan och ställ in den på sautéläge.
3. Lägg i fläskaxeln och bryn den på alla sidor.
4. Tillsätt fond, täck grytan och koka på hög i 45 minuter.
5. Avtäck grytan, överför fläsket till ett fat, strimla och servera.

Njut av!

Näring:kalorier 267, fett 20, fiber 0, kolhydrater 0, protein 24

Tranbärsfläskstek

Detta är en ketorätt som kommer att imponera på dig!

Förberedelsetid: 10 minuter

Tillagningstid: 8 timmar

Portioner: 4

Ingredienser:

- 1 msk kokosmjöl
- Salta och svartpeppar efter smak
- 1 och ½ pund fläskkarré
- En nypa senap, mald
- ½ tsk ingefära
- 2 matskedar sukrin
- 2 msk sukrin gold
- ½ kopp tranbär
- 2 vitlöksklyftor, hackade
- ½ citron skivad
- ¼ kopp vatten

Vägbeskrivning:

1. Blanda ingefära med senap, salt, peppar och mjöl i en skål och rör om.

2. Lägg till stek, kasta till pälsen och överför köttet till en Crockpot.

3. Tillsätt sukrin och sukrin gold, tranbär, vitlök, vatten och citronskivor.

4. Täck grytan och koka på låg i 8 timmar.

5. Dela på tallrikar, ringla pannsaft ovanpå och servera.

Njut av!

Näring:kalorier 430, fett 23, fiber 2, kolhydrater 3, protein 45

Saftiga fläskkotletter

Dessa kommer att bli så möra och goda!

Förberedelsetid: 10 minuter

Tillagningstid: 45 minuter

Portioner: 4

Ingredienser:

- 2 gula lökar, hackade
- 6 baconskivor, hackade
- ½ dl kycklingfond
- Salta och svartpeppar efter smak
- 4 fläskkotletter

Vägbeskrivning:

1. Hetta upp en panna på medelhög värme, tillsätt bacon, rör om, koka tills det är knaprigt och överför till en skål.
2. Återställ pannan till medelvärme, tillsätt lök, lite salt och peppar, rör om, täck över, koka i 15 minuter och överför till samma skål med baconet.
3. Återställ pannan till värme igen, öka till medelhög, tillsätt fläskkotletter, krydda med salt och peppar, bryn

i 3 minuter på ena sidan, vänd, sänk värmen till medelhög och koka i 7 minuter till.

4. Tillsätt fond, rör om och koka i ytterligare 2 minuter.
5. Lägg tillbaka bacon och lök i pannan, rör om, koka i 1 minut till, dela mellan tallrikar och servera.

Njut av!

Näring:kalorier 325, fett 18, fiber 1, kolhydrater 6, protein 36

Enkla Och Snabba Fläskkotletter

Det här kommer bli klart så fort!!

Förberedelsetid: 10 minuter

Tillagningstid: 15 minuter

Portioner: 4

Ingredienser:

- 4 medelstora fläskkotletter
- 1 tsk dijonsenap
- 1 msk Worcestershiresås
- 1 tsk citronsaft
- 1 matsked vatten
- Salta och svartpeppar efter smak
- 1 tsk citronpeppar
- 1 matsked ghee
- 1 msk gräslök, hackad

Vägbeskrivning:

1. Blanda vatten med Worcestershiresås, senap och citronsaft i en skål och vispa väl.

2. Hetta upp en panna med ghee på medelhög värme, tillsätt fläskkotletter, krydda med salt, peppar och

citronpeppar, koka dem i 6 minuter, vänd och koka i 6 minuter till.

3. Överför fläskkotletter till ett fat och håll dem varma tills vidare.

4. Hetta upp pannan igen, häll på senapssås du har gjort och låt sjuda försiktigt.

5. Häll detta över fläsk, strö över gräslök och servera.

Njut av!

Näring:kalorier 132, fett 5, fiber 1, kolhydrater 1, protein 18

Medelhavsfläsk

Denna fantastiska keto-middagsidé kommer att få dig att må bra!

Förberedelsetid: 10 minuter

Tillagningstid: 35 minuter

Portioner: 4

Ingredienser:

- 4 fläskkotletter, med ben
- Salta och svartpeppar efter smak
- 1 tsk rosmarin, torkad
- 3 vitlöksklyftor, hackade

Vägbeskrivning:

1. Krydda fläskkotletterna med salt och peppar och lägg i en långpanna.
2. Tillsätt rosmarin och vitlök, sätt in i ugnen på 425 grader F och grädda i 10 minuter.
3. Sänk värmen till 350 grader F och rosta i 25 minuter till.
4. Skiva fläsk, dela mellan tallrikar och ringla pannsaft över det hela.

Njut av!

Näring:kalorier 165, fett 2, fiber 1, kolhydrater 2, protein 26

Enkla fläskkotletter glädje

Det här är så smaskigt och enkelt att göra hemma!

Förberedelsetid: 10 minuter

Tillagningstid: 40 minuter

Portioner: 4

Ingredienser:

- 4 fläskkotletter
- 1 msk oregano, hackad
- 2 vitlöksklyftor, hackade
- 1 msk rapsolja
- 15 uns konserverade tomater, hackade
- 1 msk tomatpuré
- Salta och svartpeppar efter smak
- ¼ kopp tomatjuice

Vägbeskrivning:

1. Hetta upp en panna med olja på medelhög värme, tillsätt fläskkotletter, smaka av med salt och peppar, koka i 3 minuter, vänd, koka i 3 minuter till och överför till en tallrik.

2. Återställ pannan till medelvärme, tillsätt vitlök, rör om och koka i 10 sekunder.
3. Tillsätt tomatjuice, tomater och tomatpuré, rör om, låt koka upp och sänk värmen till medel-låg.
4. Tillsätt fläskkotletter, rör om, täck pannan och låt allt sjuda i 30 minuter.
5. Överför fläskkotletter till tallrikar, tillsätt oregano i pannan, rör om och koka i ytterligare 2 minuter.
6. Häll detta över fläsk och servera.

Njut av!

Näring:kalorier 210, fett 10, fiber 2, kolhydrater 6, protein 19

Kryddig fläskkotletter

Dessa kryddiga fläskkotletter kommer garanterat att imponera på dig!

Förberedelsetid:4 timmar och 10 minuter

Tillagningstid: 15 minuter

Portioner: 4

Ingredienser:

- ¼ kopp limejuice
- 4 fläskkotletter
- 1 msk kokosolja, smält
- 2 vitlöksklyftor, hackade
- 1 msk chilipulver
- 1 tsk kanel, mald
- 2 tsk spiskummin, mald
- Salta och svartpeppar efter smak
- ½ tsk varm pepparsås
- Skivad mango till servering

Vägbeskrivning:

1. Blanda i en skål limejuice med olja, vitlök, spiskummin, kanel, chilipulver, salt, peppar och pepparsås och vispa väl.
2. Tillsätt fläskkotletter, rör om och låt stå i kylen i 4 timmar.
3. Lägg fläsk på en förvärmd grill på medelvärme, koka i 7 minuter, vänd och koka i 7 minuter till.
4. Dela mellan tallrikar och servera med mangoskivor vid sidan av.

Njut av!

Näring:kalorier 200, fett 8, fiber 1, kolhydrater 3, protein 26

Smakfullt thailändskt nötkött

Det kommer snart att bli din favorit keto-middagsrätt!

Förberedelsetid: 10 minuter

Tillagningstid: 10 minuter

Portioner: 6

Ingredienser:

- 1 dl nötbuljong
- 4 matskedar jordnötssmör
- ¼ tesked vitlökspulver
- ¼ tesked lökpulver
- 1 matsked kokos aminos
- 1 och ½ tsk citronpeppar
- 1 pund biff, skuren i strimlor
- Salta och svartpeppar efter smak
- 1 grön paprika, hackad
- 3 salladslökar, hackade

Vägbeskrivning:

1. Blanda i en skål jordnötssmör med fond, aminosyra och citronpeppar, rör om väl och låt stå åt sidan.

2. Hetta upp en panna på medelhög värme, tillsätt nötkött, krydda med salt, peppar, lök och vitlökspulver och koka i 7 minuter.

3. Tillsätt grön paprika, rör om och koka i 3 minuter till.

4. Tillsätt jordnötssås du gjorde i början och salladslök, rör om, koka i 1 minut till, dela mellan tallrikar och servera.

Njut av!

Näring:kalorier 224, fett 15, fiber 1, kolhydrater 3, protein 19

De bästa biffbiffarna

Detta kommer att vara en av de bästa keto-rätterna du någonsin

kommer att prova!

Förberedelsetid: 10 minuter

Tillagningstid: 35 minuter

Portioner: 6

Ingredienser:

- ½ dl brödsmulor
- 1 ägg
- Salta och svartpeppar efter smak
- 1 och ½ pund nötkött, malet
- 10 uns löksoppa på burk
- 1 msk kokosmjöl
- ¼ kopp ketchup
- 3 tsk Worcestershiresås
- ½ tsk senapspulver
- ¼ kopp vatten

Vägbeskrivning:

1. Blanda 1/3 kopp löksoppa med nötkött, salt, peppar, ägg och brödsmulor i en skål och rör om väl.

2. Hetta upp en panna på medelhög värme, forma 6 biffar av köttblandningen, lägg dem i pannan och bryn på båda sidor.

3. Blanda under tiden i en skål resten av soppan med kokosmjöl, vatten, senapspulver, Worcestershiresås och ketchup och rör om väl.

4. Häll detta över biffbiffar, täck pannan och koka i 20 minuter under omrörning då och då.

5. Dela mellan tallrikar och servera.

Njut av!

Näring:kalorier 332, fett 18, fiber 1, kolhydrater 7, protein 25

Fantastisk biffstek

Det är så saftigt och gott!

Förberedelsetid: 10 minuter

Tillagningstid: 1 timme och 15 minuter

Portioner: 4

Ingredienser:

- 3 och ½ pund nötstek
- 4 uns svamp, skivad
- 12 uns köttbuljong
- 1 uns löksoppa mix
- ½ kopp italiensk dressing

Vägbeskrivning:

1. I en skål, blanda fond med löksoppsmix och italiensk dressing och rör om.
2. Lägg nötstek i en panna, tillsätt svamp, buljongblandning, täck med aluminiumfolie, sätt in i ugnen på 300 grader F och grädda i 1 timme och 15 minuter.
3. Låt steken svalna lite, skiva och servera med såsen ovanpå.

Njut av!

Näring:kalorier 700, fett 56, fiber 2, kolhydrater 10, protein 70

Beef Zucchini Cups

Det här ser så gott ut och det smakar underbart!

Förberedelsetid: 10 minuter

Tillagningstid: 35 minuter

Portioner: 4

Ingredienser:

- 2 vitlöksklyftor, hackade
- 1 tsk spiskummin, mald
- 1 msk kokosolja
- 1 pund nötkött, malet
- ½ kopp rödlök, hackad
- 1 tsk rökt paprika
- Salta och svartpeppar efter smak
- 3 zucchinis, skurna i halvor på längden och insidan urtagen
- ¼ kopp koriander, hackad
- ½ kopp cheddarost, strimlad
- 1 och ½ koppar keto enchiladasås
- Lite hackad avokado till servering
- Lite salladslök, hackad för servering

- Några tomater, hackade för servering

Vägbeskrivning:

1. Hetta upp en panna med olja på medelhög värme, tillsätt rödlök, rör om och koka i 2 minuter.
2. Tillsätt nötkött, rör om och bryn i ett par minuter.
3. Tillsätt paprika, salt, peppar, spiskummin och vitlök, rör om och koka i 2 minuter.
4. Lägg zucchinihalvorna i en ugnsform, fyll på var och en med nötkött, häll enchiladasås ovanpå och strö över cheddarost.
5. Grädda täckt i ugnen vid 350 grader F i 20 minuter.
6. Avtäck pannan, strö över koriander och grädda i 5 minuter till.
7. Strö avokado, salladslök och tomater ovanpå, dela mellan tallrikar och servera.

Njut av!

Näring:kalorier 222, fett 10, fiber 2, kolhydrater 8, protein 21

Biff köttbullar gryta

Det här är så speciellt och naturligtvis är det 100 % keto!

Förberedelsetid: 10 minuter

Tillagningstid: 50 minuter

Portioner: 8

Ingredienser:

- 1/3 kopp mandelmjöl
- 2 ägg
- 1 pund nötköttkorv, hackad
- 1 pund nötfärs
- Salt och svartpeppar efter smak
- 1 msk persilja, torkad
- ¼ tesked röd paprikaflingor
- ¼ kopp parmesan, riven
- ¼ tesked lökpulver
- ½ tsk vitlökspulver
- ¼ tesked oregano, torkad
- 1 kopp ricottaost
- 2 koppar keto marinara sås
- 1 och ½ dl mozzarellaost, strimlad

Vägbeskrivning:

1. Blanda i en skål korv med nötkött, salt, peppar, mandelmjöl, persilja, pepparflingor, lökpulver, vitlökspulver, oregano, parmesan och ägg och rör om väl.

2. Forma köttbullar, lägg dem på en klädd plåt, sätt in i ugnen på 375 grader F och grädda i 15 minuter.

3. Ta ut köttbullarna ur ugnen, lägg över dem i en ugnsform och täck med hälften av marinarasåsen.

4. Tillsätt ricottaost överallt och häll sedan resten av marinarasåsen.

5. Strö mozzarella överallt, sätt in skålen i ugnen på 375 grader F och grädda i 30 minuter.

6. Låt din köttbulle svalna lite innan du skär upp och serverar den.

Njut av!

Näring:kalorier 456, fett 35, fiber 3, kolhydrater 4, protein 32

Nötkött Och Tomat Fylld Squash

*Det är alltid fantastiskt att upptäcka nya och intressanta rätter! Det
här är en av dem!*

Förberedelsetid: 10 minuter

Tillagningstid: 1 timme

Portioner: 2

Ingredienser:

- 2 pund spaghetti squash, stickad med en gaffel
- Salta och svartpeppar efter smak
- 3 vitlöksklyftor, hackade
- 1 gul lök, hackad
- 1 Portobellosvamp, skivad
- 28 uns konserverade tomater, hackade
- 1 tsk oregano, torkad
- ¼ tesked cayennepeppar
- ½ tsk timjan, torkad
- 1 pund nötkött, malet
- 1 grön paprika, hackad

Vägbeskrivning:

1. Placera spaghetti squash på en klädd bakplåt, sätt in i ugnen på 400 grader F och grädda i 40 minuter.
2. Skär på mitten, låt stå åt sidan för att svalna, ta bort frön och låt stå åt sidan.
3. Hetta upp en panna på medelhög värme, tillsätt kött, vitlök, lök och svamp, rör om och koka tills köttet får färg.
4. Tillsätt salt, peppar, timjan, oregano, cayennepeppar, tomater och grönpeppar, rör om och koka i 10 minuter.
5. Fyll squashhalvorna med denna nötköttblandning, sätt in i ugnen vid 400 grader F och grädda i 10 minuter.
6. Dela mellan 2 tallrikar och servera.

Njut av!

Näring:kalorier 260, fett 7, fiber 2, kolhydrater 4, protein 10

Läckra nötkött Chili

Denna nötchili är så härlig! Du måste verkligen prova detta snart!

Förberedelsetid: 10 minuter

Tillagningstid: 8 timmar

Portioner: 4

Ingredienser:

- 1 rödlök, hackad
- 2 och ½ pund nötkött, malet
- 15 uns konserverade tomater och grön chili, hackad
- 6 uns tomatpuré
- ½ kopp inlagda jalapenos, hackade
- 4 msk vitlök, hackad
- 3 revbensselleri, hackade
- 2 matskedar kokos aminos
- 4 matskedar chilipulver
- Salta och svartpeppar efter smak
- En nypa cayennepeppar
- 2 msk spiskummin, mald
- 1 tsk lökpulver
- 1 tsk vitlökspulver

- 1 lagerblad
- 1 tsk oregano, torkad

Vägbeskrivning:

1. Hetta upp en panna på medelhög värme, tillsätt hälften av löken, nötköttet, hälften av vitlöken, salt och peppar, rör om och stek tills köttet får färg.

2. Överför detta till din slow cooker, tillsätt resten av löken och vitlöken, men även jalapenos, selleri, tomater och chili, tomatpuré, konserverade tomater, kokosaminos, chilipulver, salt, peppar, spiskummin, vitlökspulver, lökpulver , oregano och lagerblad, rör om, täck över och koka på låg i 8 timmar.

3. Fördela i skålar och servera.

Njut av!

Näring:kalorier 137, fett 6, fiber 2, kolhydrater 5, protein 17

Glaserad nötköttfärslimpa

Detta kommer att garantera din framgång!

Förberedelsetid: 10 minuter

Tillagningstid:1 timme och 10 minuter

Portioner: 6

Ingredienser:

- 1 dl vita svampar, hackade
- 3 pund nötkött, malet
- 2 msk persilja, hackad
- 2 vitlöksklyftor, hackade
- ½ kopp gul lök, hackad
- ¼ kopp röd paprika, hackad
- ½ kopp mandelmjöl
- 1/3 kopp parmesan, riven
- 3 ägg
- Salta och svartpeppar efter smak
- 1 tsk balsamvinäger
- *För glasyren:*
- 1 matsked sväng
- 2 msk sockerfri ketchup

- 2 dl balsamvinäger

Vägbeskrivning:

1. Blanda i en skål nötkött med salt, peppar, svamp, vitlök, lök, paprika, persilja, mandelmjöl, parmesan, 1 tsk vinäger, salt, peppar och ägg och rör om väldigt väl.

2. Överför detta till en brödform och grädda i ugnen på 375 grader F i 30 minuter.

3. Värm under tiden upp en liten panna på medelvärme, tillsätt ketchup, sväng och 2 dl vinäger, rör om väl och koka i 20 minuter.

4. Ta ut köttfärslimpan ur ugnen, bred ut glasyren, sätt in i ugnen vid samma temperatur och grädda i 20 minuter till.

5. Låt köttfärslimpan svalna, skiva och servera den.

Njut av!

Näring:kalorier 264, fett 14, fiber 3, kolhydrater 5, protein 24

Läckert nötkött och tzatziki

Du måste se till att det finns tillräckligt för alla!

Förberedelsetid: 10 minuter

Tillagningstid: 15 minuter

Portioner: 6

Ingredienser:

- ¼ kopp mandelmjölk
- 17 uns nötkött, malet
- 1 gul lök, riven
- 5 brödskivor, rivna
- 1 ägg, vispat
- ¼ kopp persilja, hackad
- Salta och svartpeppar efter smak
- 2 vitlöksklyftor, hackade
- ¼ kopp mynta, hackad
- 2 och ½ tsk oregano, torkad
- ¼ kopp olivolja
- 7 uns körsbärstomater, skurna i halvor
- 1 gurka, tunt skivad
- 1 dl babyspenat

- 1 och ½ msk citronsaft
- 7 uns burk tzatziki

Vägbeskrivning:

1. Lägg rivet bröd i en skål, tillsätt mjölk och låt stå i 3 minuter.
2. Pressa bröd, hacka och lägg i en skål.
3. Tillsätt nötkött, ägg, salt, peppar, oregano, mynta, persilja, vitlök och lök och rör om väl.
4. Forma bollar av denna blandning och lägg på en arbetsyta.
5. Hetta upp en panna med hälften av oljan på medelhög värme, tillsätt köttbullar, koka dem i 8 minuter och vänd dem då och då och lägg över dem alla till en bricka.
6. Blanda spenat med gurka och tomat i en salladsskål.
7. Tillsätt köttbullar, resten av oljan, lite salt, peppar och citronsaft.
8. Tillsätt även tzatziki, släng över och servera.

Njut av!

Näring:kalorier 200, fett 4, fiber 1, kolhydrater 3, protein 7

Köttbullar Och Smaklig Svampsås

En vänlig måltid kan förvandlas till en fest med denna ketorätt!

Förberedelsetid: 10 minuter

Tillagningstid: 25 minuter

Portioner: 6

Ingredienser:

- 2 pund nötkött, malet
- Salta och svartpeppar efter smak
- ½ tsk vitlökspulver
- 1 matsked kokos aminos
- ¼ kopp nötbuljong
- ¾ kopp mandelmjöl
- 1 msk persilja, hackad
- 1 msk lökflingor

Till såsen:

- 1 dl gul lök, hackad
- 2 dl svamp, skivad
- 2 msk baconfett
- 2 matskedar ghee
- ½ tsk kokosaminos

- ¼ kopp gräddfil
- ½ dl nötbuljong
- Salta och svartpeppar efter smak

Vägbeskrivning:

1. Blanda nötkött med salt, peppar, vitlökspulver, 1 msk kokosaminos, ¼ kopp nötbuljong, mandelmjöl, persilja och lökflingor, rör om väl, forma 6 biffar, lägg dem på en plåt, sätt in i ugnen vid 375 grader F och grädda i 18 minuter.
2. Värm under tiden upp en panna med ghee och baconfettet på medelvärme, tillsätt svamp, rör om och koka i 4 minuter.
3. Tillsätt lök, rör om och koka i 4 minuter till.
4. Tillsätt ½ tsk kokosaminos, gräddfil och ½ dl nötbuljong, rör om väl och låt koka upp.
5. Ta av värmen, tillsätt salt och peppar och rör om väl.
6. Dela oxbiffar mellan tallrikar och servera med svampsås på toppen.

Njut av!

Näring:kalorier 435, fett 23, fiber 4, kolhydrater 6, protein 32

Nötkött Och Surkålsoppa

Den här nötkötts- och surkålssoppan är så god!

Förberedelsetid: 10 minuter

Tillagningstid:1 timme och 20 minuter

Portioner: 8

Ingredienser:

- 3 tsk olivolja
- 1 pund nötkött, malet
- 14 uns köttbuljong
- 2 dl kycklingfond
- 14 uns konserverade tomater och juice
- 1 msk stevia
- 14 uns surkål, hackad
- 1 msk glutenfri Worcestershiresås
- 4 lagerblad
- Salta och svartpeppar efter smak
- 3 msk persilja, hackad
- 1 lök, hackad
- 1 tsk salvia, torkad
- 1 msk vitlök, hackad

- 2 koppar vatten

Vägbeskrivning:

1. Hetta upp en panna med 1 tsk olja på medelvärme, tillsätt nötkött, rör om och bryn i 10 minuter.
2. Blanda under tiden i en gryta kyckling- och nötbuljong med surkål, stevia, konserverade tomater, worcestershiresås, persilja, salvia och lagerblad, rör om och låt sjuda på medelvärme.
3. Tillsätt nötkött i soppan, rör om och fortsätt sjuda.
4. Hetta upp samma panna med resten av oljan på medelvärme, tillsätt lök, rör om och koka i 2 minuter. Tillsätt vitlök, rör om, koka i 1 minut till och tillsätt detta i soppan.
5. Sänk värmen till soppan och låt sjuda i 1 timme.
6. Tillsätt salt, peppar och vatten, rör om och koka i 15 minuter till.
7. Fördela i skålar och servera.

Njut av!

Näring:kalorier 250, fett 5, fiber 1, kolhydrater 3, protein 12

Nötfärsgryta

En vänlig och avslappnad måltid kräver en sådan ketorätt!

Förberedelsetid: 10 minuter

Tillagningstid: 35 minuter

Portioner: 6

Ingredienser:

- 2 tsk lökflingor
- 1 msk glutenfri Worcestershiresås
- 2 pund nötkött, malet
- 2 vitlöksklyftor, hackade
- Salta och svartpeppar efter smak
- 1 dl mozzarellaost, strimlad
- 2 dl cheddarost, strimlad
- 1 kopp rysk dressing
- 2 msk sesamfrön, rostade
- 20 skivor dillgurka
- 1 romansalladshuvud, rivet

Vägbeskrivning:

1. Hetta upp en panna på medelvärme, tillsätt nötkött, lökflingor, Worcestershiresås, salt, peppar och vitlök, rör om och koka i 5 minuter.

2. Överför detta till en ugnsform, lägg 1 dl cheddarost över och även mozzarellan och hälften av den ryska dressingen.

3. Rör om och fördela jämnt.

4. Ordna pickleskivor ovanpå, strö över resten av cheddarn och sesamfröna, sätt in i ugnen på 350 grader f och grädda i 20 minuter.

5. Vänd ugnen till att steka och stek grytan i 5 minuter till.

6. Dela sallad på tallrikar, toppa med en oxgryta och resten av den ryska dressingen.

Njut av!

Näring:kalorier 554, fett 51, fiber 3, kolhydrater 5, protein 45

Läckra Zoodles Och Nötkött

Det tar bara några minuter att göra detta speciella keto-recept!

Förberedelsetid: 10 minuter

Tillagningstid: 20 minuter

Portioner: 5

Ingredienser:

- 1 pund nötkött, malet
- 1 gul lök, hackad
- 2 vitlöksklyftor, hackade
- 14 uns konserverade tomater, hackade
- 1 msk rosmarin, torkad
- 1 msk salvia, torkad
- 1 msk oregano, torkad
- 1 msk basilika, torkad
- 1 msk mejram, torkad
- Salta och svartpeppar efter smak
- 2 zucchinis, skurna med en spiralizer

Vägbeskrivning:

1. Hetta upp en panna på medelvärme, tillsätt vitlök och lök, rör om och bryn i ett par minuter.

2. Tillsätt nötkött, rör om och koka i 6 minuter till.

3. Tillsätt tomater, salt, peppar, rosmarin, salvia, oregano, mejram och basilika, rör om och låt sjuda i 15 minuter.

4. Dela zoodles i skålar, tillsätt köttblandning och servera.

Njut av!

Näring:kalorier 320, fett 13, fiber 4, kolhydrater 12, protein 40

Jamaicanska biffpajer

Det här är riktigt gott! Du måste göra det för din familj ikväll!

Förberedelsetid: 10 minuter

Tillagningstid: 35 minuter

Portioner: 12

Ingredienser:

- 3 vitlöksklyftor, hackade
- ½ pund nötkött, malet
- ½ pund fläsk, malet
- ½ kopp vatten
- 1 liten lök, hackad
- 2 habanero paprika, hackad
- 1 tsk jamaicanskt currypulver
- 1 tsk timjan, torkad
- 2 tsk koriander, mald
- ½ tsk kryddpeppar
- 2 tsk spiskummin, mald
- ½ tsk gurkmeja
- En nypa kryddnejlika, mald
- Salta och svartpeppar efter smak

- 1 tsk vitlökspulver
- ¼ tesked steviapulver
- 2 matskedar ghee

För skorpan:

- 4 matskedar ghee, smält
- 6 uns färskost
- En nypa salt
- 1 tsk gurkmeja
- ¼ tesked stevia
- ½ tsk bakpulver
- 1 och ½ koppar linmjöl
- 2 matskedar vatten
- ½ kopp kokosmjöl

Vägbeskrivning:

1. Blanda lök med habaneros, vitlök och ½ kopp vatten i din mixer.

2. Hetta upp en panna på medelvärme, tillsätt fläsk- och nötkött, rör om och koka i 3 minuter.

3. Tillsätt lökblandningen, rör om och koka i ytterligare 2 minuter.

4. Tillsätt vitlök, lök, currypulver, ½ tsk gurkmeja, timjan, koriander, spiskummin, kryddpeppar, kryddnejlika, salt, peppar, steviapulver och vitlökspulver, rör om väl och koka i 3 minuter.

5. Tillsätt 2 msk ghee, rör om tills det smälter och ta detta från värmen.

6. Blanda under tiden i en skål 1 tsk gurkmeja, med ¼ tsk stevia, bakpulver, linmjöl och kokosmjöl och rör om.

7. I en separat skål, blanda 4 msk ghee med 2 msk vatten och färskost och rör om.

8. Kombinera de 2 blandningarna och blanda tills du får en deg.

9. Forma 12 bollar av denna blandning, lägg dem på ett bakplåtspapper och rulla var och en till en cirkel.

10. Dela nöt- och fläskmix på ena halvan av degcirklarna, täck med de andra halvorna, försegla kanterna och arrangera dem alla på en klädd bakplåt.

11. Grädda dina pajer i ugnen på 350 grader F i 25 minuter.

12. Servera dem varma.

Njut av!

Näring:kalorier 267, fett 23, fiber 1, kolhydrater 3, protein 12

Fantastisk gulasch

Detta är en keto komfortmat! Prova det snart!

Förberedelsetid: 10 minuter

Tillagningstid: 20 minuter

Portioner: 5

Ingredienser:

- 2 uns paprika, hackad
- 1 och ½ pund nötkött, malet
- Salta och svartpeppar efter smak
- 2 dl blomkålsbuketter
- ¼ kopp lök, hackad
- 14 uns konserverade tomater och deras juice
- ¼ tesked vitlökspulver
- 1 msk tomatpuré
- 14 uns vatten

Vägbeskrivning:

1. Hetta upp en panna på medelvärme, tillsätt nötkött, rör om och bryn i 5 minuter.
2. Tillsätt lök och paprika, rör om och koka i 4 minuter till.

3. Tillsätt blomkål, tomater och deras juice och vatten, rör
   om, låt sjuda, täck pannan och koka i 5 minuter.
4. Tillsätt tomatpuré, vitlökspulver, salt och peppar, rör
   om, ta av värmen, dela i skålar och servera.

Njut av!

Näring:kalorier 275, fett 7, fiber 2, kolhydrater 4, protein 10

Nötkött Och Aubergine Gryta

Dessa ingredienser passar perfekt ihop!

Förberedelsetid: 30 minuter

Tillagningstid: 4 timmar

Portioner: 12

Ingredienser:

- 1 msk olivolja
- 2 pund nötkött, malet
- 2 dl aubergine, hackad
- Salta och svartpeppar efter smak
- 2 tsk senap
- 2 tsk glutenfri Worcestershiresås
- 28 uns konserverade tomater, hackade
- 2 dl mozzarella, riven
- 16 uns tomatsås
- 2 msk persilja, hackad
- 1 tsk oregano, torkad

Vägbeskrivning:

1. Krydda auberginebitarna med salt och peppar, låt dem stå åt sidan i 30 minuter, krama lite vatten, lägg dem i en skål, tillsätt olivoljan och släng dem för att täcka.
2. Blanda nötkött med salt, peppar, senap och Worcestershiresås i en annan skål och rör om väl.
3. Tryck dem på botten av en kruka.
4. Tillsätt aubergine och bred ut.
5. Tillsätt även tomater, tomatsås, persilja, oregano och mozzarella.
6. Täck Crockpot och koka på låg i 4 timmar.
7. Fördela grytan mellan tallrikarna och servera varm.

Njut av!

Näring:kalorier 200, fett 12, fiber 2, kolhydrater 6, protein 15

Bräserade lammkotletter

Det är en perfekt ketorätt!

Förberedelsetid: 10 minuter

Tillagningstid: 2 timmar och 20 minuter

Portioner: 4

Ingredienser:

- 8 lammkotletter
- 1 tsk vitlökspulver
- Salta och svartpeppar efter smak
- 2 tsk mynta, krossad
- En klick olivolja
- 1 schalottenlök, hackad
- 1 dl vitt vin
- Saften av ½ citron
- 1 lagerblad
- 2 dl nötbuljong
- Lite hackad persilja till servering

Till såsen:

- 2 dl tranbär
- ½ tsk rosmarin, hackad
- ½ kopp sväng
- 1 tsk mynta, torkad

- Saften av ½ citron

- 1 tsk ingefära, riven

- 1 kopp vatten

- 1 tsk harissapasta

Vägbeskrivning:

1. Blanda lammkotletter i en skål med salt, peppar, 1 tsk vitlökspulver och 2 tsk mynta och gnid in väl.

2. Hetta upp en panna med en klick olja på medelhög värme, tillsätt lammkotletter, bryn dem på alla sidor och lägg över på en tallrik.

3. Hetta upp samma panna igen på medelhög värme, tillsätt schalottenlök, rör om och koka i 1 minut.

4. Tillsätt vin och lagerblad, rör om och koka i 4 minuter.

5. Tillsätt 2 dl nötbuljong, persilja och juice från ½ citron, rör om och låt sjuda i 5 minuter.

6. Lägg tillbaka lammet, rör om och koka i 10 minuter.

7. Täck pannan och sätt in den i ugnen vid 350 grader F i 2 timmar.

8. Värm under tiden upp en panna på medelhög värme, tillsätt tranbär, sväng, rosmarin, 1 tsk mynta, juice från ½ citron, ingefära, vatten och harissapasta, rör om, låt sjuda i 15 minuter.

9. Ta ut lammkotletter ur ugnen, dela dem mellan tallrikar, ringla tranbärssåsen över dem och servera.

Näring:kalorier 450, fett 34, fiber 2, kolhydrater 6, protein 26

Fantastisk lammsallad

Det är en smaksatt sallad du borde prova på sommaren!

Förberedelsetid: 10 minuter

Tillagningstid: 35 minuter

Portioner: 4

Ingredienser:

- 1 msk olivolja
- 3 pund lammlår, ben kasserat och fjärilslad
- Salta och svartpeppar efter smak
- 1 tsk spiskummin, mald
- En nypa timjan, torkad
- 2 vitlöksklyftor, hackade

Till salladen:

- 4 uns fetaost, smulad
- ½ kopp pekannötter
- 2 dl spenat
- 1 och ½ msk citronsaft
- ¼ kopp olivolja
- 1 dl mynta, hackad

Vägbeskrivning:

1. Gnid in lamm med salt, peppar, 1 msk olja, timjan, spiskummin och hackad vitlök, lägg på förvärmd grill på medelhög värme och koka i 40 minuter, vänd en gång.
2. Under tiden, sprid pekannötter på en klädd bakplåt, sätt in i ugnen vid 350 grader F och rosta i 10 minuter.
3. Överför grillat lamm till en skärbräda, låt svalna och skiva.
4. I en salladsskål, blanda spenat med 1 dl mynta, fetaost, ¼ kopp olivolja, citronsaft, rostade pekannötter, salt och peppar och rör om.
5. Lägg lammskivor ovanpå och servera.

Njut av!

Näring:kalorier 334, fett 33, fiber 3, kolhydrater 5, protein 7

Marockanskt lamm

Prova denna marockanska ketorätt så snart du kan!

Förberedelsetid: 10 minuter

Tillagningstid: 15 minuter

Portioner: 4

Ingredienser:

- 2 tsk paprika
- 2 vitlöksklyftor, hackade
- 2 tsk oregano, torkad
- 2 matskedar sumak
- 12 lammkotletter
- ¼ kopp olivolja
- 2 matskedar vatten
- 2 tsk spiskummin, mald
- 4 morötter, skivade
- ¼ kopp persilja, hackad
- 2 tsk harissa
- 1 msk rödvinsvinäger
- Salta och svartpeppar efter smak
- 2 msk svarta oliver, urkärnade och skivade

* 6 rädisor, tunt skivade

Vägbeskrivning:

1. Blanda kotletter i en skål med paprika, vitlök, oregano, sumak, salt, peppar, hälften av oljan och vattnet och gnugga in väl.
2. Lägg morötter i en kastrull, tillsätt vatten så att det täcker, koka upp på medelhög värme, koka i 2 minuter och lägg dem i en salladsskål.
3. Lägg oliver och rädisor över morötter.
4. Blanda i en annan skål harissa med resten av oljan, persilja, spiskummin, vinäger och en skvätt vatten och rör om väl.
5. Tillsätt detta till morotsblandningen, smaka av med salt och peppar och rör om.
6. Hetta upp en köksgrill på medelhög värme, lägg i lammkotletter, grilla dem i 3 minuter på varje sida och dela dem mellan tallrikarna.
7. Lägg till morotssallad vid sidan om och servera.

Njut av!

Näring:kalorier 245, fett 32, fiber 6, kolhydrater 4, protein 34

Läcker Lamm Och Senapssås

Den är så rik och smaksatt och den är klar på bara en halvtimme!

Förberedelsetid: 10 minuter

Tillagningstid: 20 minuter

Portioner: 4

Ingredienser:

- 2 matskedar olivolja
- 1 msk färsk rosmarin, hackad
- 2 vitlöksklyftor, hackade
- 1 och ½ pund lammkotletter
- Salta och svartpeppar efter smak
- 1 msk schalottenlök, hackad
- 2/3 kopp tung grädde
- ½ dl nötbuljong
- 1 matsked senap
- 2 tsk glutenfri Worcestershiresås
- 2 tsk citronsaft
- 1 tsk erytritol
- 2 matskedar ghee
- En vår av rosmarin

- En vår av timjan

Vägbeskrivning:

1. Blanda i en skål 1 msk olja med vitlök, salt, peppar och rosmarin och vispa väl.
2. Tillsätt lammkotletter, rör om och låt stå åt sidan i några minuter.
3. Hetta upp en panna med resten av oljan på medelhög värme, tillsätt lammkotletter, sänk värmen till medel, koka dem i 7 minuter, vänd, koka dem i 7 minuter till, lägg över på en tallrik och håll dem varma.
4. Återställ pannan till medelvärme, tillsätt schalottenlök, rör om och koka i 3 minuter.
5. Tillsätt fond, rör om och koka i 1 minut.
6. Tillsätt Worcestershiresås, senap, erytritol, grädde, rosmarin och timjan, rör om och koka i 8 minuter.
7. Tillsätt citronsaft, salt, peppar och ghee, kassera rosmarin och timjan, rör om väl och ta av värmen.
8. Dela lammkotletter på tallrikar, ringla såsen över dem och servera.

Njut av!

Näring:kalorier 435, fett 30, fiber 4, kolhydrater 5, protein 32

Smaklig lammcurry

Denna lammcurry kommer garanterat att överraska dig!

Förberedelsetid: 10 minuter

Tillagningstid: 4 timmar

Portioner: 6

Ingredienser:

- 2 msk ingefära, riven
- 2 vitlöksklyftor, hackade
- 2 tsk kardemumma
- 1 rödlök, hackad
- 6 kryddnejlika
- 1 pund lammkött, i tärningar
- 2 tsk spiskumminpulver
- 1 tsk garama masala
- ½ tsk chilipulver
- 1 tsk gurkmeja
- 2 tsk koriander, mald
- 1 pund spenat
- 14 uns konserverade tomater, hackade

Vägbeskrivning:

1. I din slow cooker, blanda lamm med spenat, tomater, ingefära, vitlök, lök, kardemumma, kryddnejlika, spiskummin, garam masala, chili, gurkmeja och koriander, rör om, täck över och koka på High i 4 timmar.
2. Avtäck slow cooker, rör om din chili, dela i skålar och servera.

Njut av!

Näring:kalorier 160, fett 6, fiber 3, kolhydrater 7, protein 20

Smakfull lammgryta

Bry dig inte om att leta efter en idé om ketogen middag! Det här är den perfekta!

Förberedelsetid: 10 minuter

Tillagningstid: 3 timmar

Portioner: 4

Ingredienser:

- 1 gul lök, hackad
- 3 morötter, hackade
- 2 pund lamm, i tärningar
- 1 tomat, hackad
- 1 vitlöksklyfta, finhackad
- 2 matskedar ghee
- 1 dl nötbuljong
- 1 dl vitt vin
- Salta och svartpeppar efter smak
- 2 rosmarinkällor
- 1 tsk timjan, hackad

Vägbeskrivning:

1. Värm upp en holländsk ugn på medelhög värme, tillsätt olja och värm upp.
2. Tillsätt lamm, salt och peppar, bryn på alla sidor och lägg över på en tallrik.
3. Tillsätt lök i grytan och koka i 2 minuter.
4. Tillsätt morötter, tomat, vitlök, ghee, pinne, vin, salt, peppar, rosmarin och timjan, rör om och koka ett par minuter.
5. Lägg tillbaka lammet i grytan, rör om, sänk värmen till medel låg, täck över och koka i 4 timmar.
6. Släng rosmarinfjädrar, tillsätt mer salt och peppar, rör om, dela i skålar och servera.

Njut av!

Näring:kalorier 700, fett 43, fibrer 6, kolhydrater 10, protein 67

Läcker lammgryta

Servera denna ketorätt på en söndag!

Förberedelsetid: 10 minuter

Tillagningstid:1 timme och 40 minuter

Portioner: 2

Ingredienser:

- 2 vitlöksklyftor, hackade
- 1 rödlök, hackad
- 1 msk olivolja
- 1 st selleri, hackad
- 10 uns lammfilé, skuren i medelstora bitar
- Salta och svartpeppar efter smak
- 1 och ¼ dl lammfond
- 2 morötter, hackade
- ½ msk rosmarin, hackad
- 1 purjolök, hackad
- 1 msk myntasås
- 1 tsk stevia
- 1 msk tomatpuré
- ½ blomkål, buketter separerade

- ½ rotselleri, hackad
- 2 matskedar ghee

Vägbeskrivning:

1. Hetta upp en gryta med oljan på medelvärme, tillsätt vitlök, lök och selleri, rör om och koka i 5 minuter.
2. Tillsätt lammbitar, rör om och koka i 3 minuter.
3. Tillsätt morot, purjolök, rosmarin, fond, tomatpuré, myntasås och stevia, rör om, låt koka upp, täck över och koka i 1 timme och 30 minuter.
4. Hetta upp en gryta med vatten på medelvärme, tillsätt rotselleri, täck och låt sjuda i 10 minuter.
5. Tillsätt blomkålsbuketter, koka i 15 minuter, låt rinna av allt och blanda med salt, peppar och ghee.
6. Mosa med en potatisstöt och dela moset mellan tallrikarna.
7. Lägg på lamm- och grönsaksblandningen ovanpå och servera.

Njut av!

Näring:kalorier 324, fett 4, fibrer 5, kolhydrater 8, protein 20

Fantastiskt lamm

Detta är ett långsamt tillagat keto lamm som du säkert kommer att älska!

Förberedelsetid: 10 minuter

Tillagningstid: 8 timmar

Portioner: 6

Ingredienser:

- 2 pund lammlår
- Salta och svartpeppar efter smak
- 1 msk lönnextrakt
- 2 msk senap
- ¼ kopp olivolja
- 4 st timjan våren
- 6 myntablad
- 1 tsk vitlök, hackad
- En nypa rosmarin, torkad

Vägbeskrivning:

1. Lägg oljan i din slowcooker.

2. Tillsätt lamm, salt, peppar, lönnextrakt, senap, rosmarin och vitlök, gnugga väl, täck över och koka på låg i 7 timmar.

3. Tillsätt mynta och timjan och koka i ytterligare 1 timme.

4. Låt lammet svalna lite innan det skivas och serveras med pannsaft ovanpå.

Njut av!

Näring:kalorier 400, fett 34, fiber 1, kolhydrater 3, protein 26

Lammkotletter av lavendel

Det är fantastiskt och väldigt smaksatt! Prova det så snart du kan!

Förberedelsetid: 10 minuter

Tillagningstid: 25 minuter

Portioner: 4

Ingredienser:

- 2 msk rosmarin, hackad
- 1 och ½ pund lammkotletter
- Salta och svartpeppar efter smak
- 1 msk lavendel, hackad
- 2 vitlöksklyftor, hackade
- 3 röda apelsiner, skurna i halvor
- 2 små bitar apelsinskal
- En klick olivolja
- 1 tsk ghee

Vägbeskrivning:

1. Blanda lammkotletter med salt, peppar, rosmarin, lavendel, vitlök och apelsinskal i en skål, rör om och låt stå i ett par timmar.

2. Smörj din köksgrill med ghee, värm upp på medelhög värme, lägg lammkotletter på den, koka i 3 minuter, vänd, pressa 1 apelsinhalva över dem, koka i 3 minuter till, vänd dem igen, koka dem i 2 minuter och pressa en annan apelsinhalva över dem.

3. Lägg lammkotletter på en tallrik och håll dem varma tills vidare..

4. Lägg till de återstående apelsinhalvorna på förvärmd grill, koka dem i 3 minuter, vänd och koka dem i ytterligare 3 minuter.

5. Fördela lammkotletter mellan tallrikar, lägg på apelsinhalvor vid sidan om, ringla lite olivolja över dem och servera.

Njut av!

Näring:kalorier 250, fett 5, fiber 1, kolhydrater 5, protein 8

Crusted lammkotletter

Det här är enkelt att göra och det kommer att smaka väldigt gott!

Förberedelsetid: 10 minuter

Tillagningstid: 15 minuter

Portioner: 4

Ingredienser:

- 2 lammställ, skurna i kotletter
- Salta och svartpeppar efter smak
- 3 matskedar paprika
- ¾ kopp spiskumminpulver
- 1 tsk chilipulver

Vägbeskrivning:

1. I en skål, blanda paprika med spiskummin, chili, salt och peppar och rör om.
2. Lägg i lammkotletter och gnugga dem väl.
3. Värm upp grillen över medeltemperatur, tillsätt lammkotletter, koka i 5 minuter, vänd och koka i 5 minuter till.
4. Vänd dem igen, koka i 2 minuter och sedan i 2 minuter till på andra sidan igen.

Njut av!

Näring:kalorier 200, fett 5, fiber 2, kolhydrater 4, protein 8

Lamm Och Orange Dressing

Du kommer att älska denna maträtt!

Förberedelsetid: 10 minuter

Tillagningstid: 4 timmar

Portioner: 4

Ingredienser:

- 2 lammlägg
- Salta och svartpeppar efter smak
- 1 vitlökshuvud, skalat
- 4 matskedar olivolja
- Saften av ½ citron
- Skal från ½ citron
- ½ tsk oregano, torkad

Vägbeskrivning:

1. Blanda lamm med salt och peppar i din slow cooker.
2. Tillsätt vitlök, täck över och koka på High i 4 timmar.
3. Blanda under tiden i en skål citronsaft med citronskal, lite salt och peppar, olivoljan och oregano och vispa mycket väl.

4. Avtäck din slow cooker, strimla lammkött och kassera ben och dela mellan tallrikar.

5. Ringla över citrondressingen och servera.

Njut av!

Näring:kalorier 160, fett 7, fiber 3, kolhydrater 5, protein 12

Lammribbor och god myntapesto

Peston gör denna ketorätt riktigt överraskande och smakrik!

Förberedelsetid: 1 timme

Tillagningstid: 2 timmar

Portioner: 4

Ingredienser:

- 1 kopp persilja
- 1 kopp mynta
- 1 liten gul lök, grovhackad
- 1/3 kopp pistagenötter
- 1 tsk citronskal
- 5 matskedar avokadoolja
- Salta efter smak
- 2 pund lammriblets
- ½ lök, hackad
- 5 vitlöksklyftor, hackade
- Saft från 1 apelsin

Vägbeskrivning:

1. I din matberedare, blanda persilja med mynta, 1 liten lök, pistagenötter, citronskal, salt och avokadoolja och blanda väldigt väl.
2. Gnid in lamm med denna blandning, lägg i en skål, täck över och låt stå i kylen i 1 timme.
3. Överför lamm till en ugnsform, tillsätt vitlök och ½ lök till skålen också, ringla över apelsinjuice och grädda i ugnen vid 250 grader F i 2 timmar.
4. Dela mellan tallrikar och servera.

Njut av!

Näring:kalorier 200, fett 4, fiber 1, kolhydrater 5, protein 7

Lamm Med Fänkål Och Fikon

Det kommer att ha en gudomlig smak!

Förberedelsetid: 10 minuter

Tillagningstid: 40 minuter

Portioner: 4

Ingredienser:

- 12 uns lammställ
- 2 fänkålslökar, skivade
- Salta och svartpeppar efter smak
- 2 matskedar olivolja
- 4 fikon, halverade
- 1/8 kopp äppelcidervinäger
- 1 matsked sväng

Vägbeskrivning:

1. I en skål, blanda fänkål med fikon, vinäger, sväng och olja, rör om för att täcka väl och överför till en ugnsform.

2. Krydda med salt och peppar, sätt in i ugnen på 400 grader F och grädda i 15 minuter.

3. Krydda lammet med salt och peppar, lägg i en uppvärmd panna på medelhög värme och koka i ett par minuter.

4. Lägg lamm i ugnsformen med fänkål och fikon, sätt in i ugnen och grädda i 20 minuter till.

5. Dela allt mellan tallrikarna och servera.

Njut av!

Näring:kalorier 230, fett 3, fibrer 3, kolhydrater 5, protein 10

Bakat Kalvkött Och Kål

Alla borde lära sig att göra denna underbara rätt!

Förberedelsetid: 10 minuter

Tillagningstid: 40 minuter

Portioner: 4

Ingredienser:

- 17 uns kalvkött, skuren i tärningar
- 1 kål, strimlad
- Salta och svartpeppar efter smak
- 3,4 uns skinka, grovt hackad
- 1 liten gul lök, hackad
- 2 vitlöksklyftor, hackade
- 1 matsked ghee
- ½ dl parmesan, riven
- ½ kopp gräddfil

Vägbeskrivning:

1. Hetta upp en gryta med ghee på medelhög värme, tillsätt lök, rör om och koka i 2 minuter.
2. Tillsätt vitlök, rör om och koka i 1 minut till.

3. Tillsätt skinka och kalvkött, rör om och koka tills de får lite färg.

4. Tillsätt kål, rör om och koka tills den mjuknar och köttet är mört.

5. Tillsätt grädde, salt, peppar och ost, rör om försiktigt, sätt in i ugnen på 350 grader F och grädda i 20 minuter.

6. Dela mellan tallrikar och servera.

Njut av!

Näring:kalorier 230, fett 7, fibrer 4, kolhydrater 6, protein 29

Utsökt biff Bourguignon

Det kanske låter lite tjusigt, men det är verkligen lätt att göra!

Förberedelsetid:3 timmar och 10 minuter

Tillagningstid:5 timmar och 15 minuter

Portioner: 8

Ingredienser:

- 3 matskedar olivolja
- 2 msk lök, hackad
- 1 msk persiljeflingor
- 1 och ½ dl rött vin
- 1 tsk timjan, torkad
- Salta och svartpeppar efter smak
- 1 lagerblad
- 1/3 kopp mandelmjöl
- 4 pund nötkött, i tärningar
- 24 små vita lökar
- 8 baconskivor, hackade
- 2 vitlöksklyftor, hackade
- 1 pund svamp, grovt hackad

Vägbeskrivning:

1. Blanda i en skål vin med olivolja, hackad lök, timjan, persilja, salt, peppar och lagerblad och vispa väl.
2. Tillsätt nötköttstärningar, rör om och låt stå åt sidan i 3 timmar.
3. Låt köttet rinna av och spara 1 kopp marinad.
4. Tillsätt mjöl över köttet och blanda till pälsen.
5. Hetta upp en panna på medelhög värme, tillsätt bacon, rör om och koka tills det får lite färg.
6. Tillsätt lök, rör om och koka i 3 minuter till.
7. Tillsätt vitlök, rör om, koka i 1 minut och överför allt till en långsam spis.
8. Lägg även till kött i långsamkokaren och rör om.
9. Hetta upp pannan med baconfettet på medelhög värme, tillsätt svamp och vitlök, rör om och fräs dem i ett par minuter.
10. Lägg till dessa i slow cookern också, tillsätt även reserverad marinad, lite salt och peppar, täck över och koka på High i 5 timmar.
11. Dela mellan tallrikar och servera.

Njut av!

Näring:kalorier 435, fett 16, fiber 1, kolhydrater 7, protein 45

Rostad biff

Så enkelt är det!

Förberedelsetid: 10 minuter

Tillagningstid: 8 timmar

Portioner: 8

Ingredienser:

- 5 pund nötköttstek
- Salta och svartpeppar efter smak
- ½ tsk sellerisalt
- 2 tsk chilipulver
- 1 msk avokadoolja
- 1 msk söt paprika
- En nypa cayennepeppar
- ½ tsk vitlökspulver
- ½ dl nötbuljong
- 1 msk vitlök, hackad
- ¼ tesked torr senap

Vägbeskrivning:

1. Hetta upp en panna med olja på medelhög värme, tillsätt nötstek och bryn den på alla sidor.

2. Blanda paprikapulver med chilipulver, sellerisalt, salt, peppar, cayennepeppar, vitlökspulver och senapspulver i en skål och rör om.
3. Lägg till stek, gnugga väl och överför den till en Crockpot.
4. Tillsätt köttbuljong och vitlök över steken och koka på låg i 8 timmar.
5. Lägg över nötköttet på en skärbräda, låt det svalna lite, skiva och dela mellan tallrikar.
6. Sila saft från grytan, ringla över kött och servera.

Njut av!

Näring:kalorier 180, fett 5, fiber 1, kolhydrater 5, protein 25

Fantastisk biffgryta

Du borde prova denna ketogena gryta idag!

Förberedelsetid: 10 minuter

Tillagningstid:4 timmar och 10 minuter

Portioner: 4

Ingredienser:

- 8 uns pancetta, hackad
- 4 pund nötkött, i tärningar
- 4 vitlöksklyftor, hackade
- 2 bruna lökar, hackade
- 2 matskedar olivolja
- 4 matskedar röd vinäger
- 4 dl nötfond
- 2 msk tomatpuré
- 2 kanelstänger
- 3 citronskalsremsor
- En näve persilja, hackad
- 4 timjanfjädrar
- 2 matskedar ghee
- Salta och svartpeppar efter smak

Vägbeskrivning:

1. Hetta upp en panna med olja på medelhög värme,
   tillsätt pancetta, lök och vitlök, rör om och låt koka i 5
   minuter. Tillsätt nötkött, rör om och koka tills det får
   färg.
2. Tillsätt vinäger, salt, peppar, fond, tomatpuré, kanel,
   citronskal, timjan och ghee, rör om, koka i 3 minuter
   och överför allt till din slow cooker.
3. Täck över och koka på hög i 4 timmar.
4. Släng kanel, citronskal och timjan, tillsätt persilja, rör
   om och dela i skålar.
5. Servera varm.

Njut av!

Näring:kalorier 250, fett 6, fiber 1, kolhydrater 7, protein 33

Läcker fläskgryta

En underbar ketogryta är allt du behöver idag!

Förberedelsetid: 10 minuter

Tillagningstid:1 timme och 20 minuter

Portioner: 12

Ingredienser:

- 2 msk kokosolja
- 4 pund fläsk, i tärningar
- Salta och svartpeppar efter smak
- 2 matskedar ghee
- 3 vitlöksklyftor, hackade
- ¾ kopp nötbuljong
- ¾ kopp äppelcidervinäger
- 3 morötter, hackade
- 1 kålhuvud, strimlad
- ½ kopp salladslök, hackad
- 1 dl vispgrädde

Vägbeskrivning:

1. Hetta upp en panna med ghee och olja på medelhög värme, tillsätt fläsk och bryn det några minuter på varje sida.
2. Tillsätt vinäger och fond, rör om väl och låt koka upp.
3. Tillsätt kål, vitlök, salt och peppar, rör om, täck över och koka i 1 timme.
4. Tillsätt morötter och salladslök, rör om och koka i 15 minuter till.
5. Tillsätt vispgrädde, rör om i 1 minut, dela mellan tallrikar och servera.

Njut av!

Näring:kalorier 400, fett 25, fiber 3, kolhydrater 6, protein 43

Läcker korvgryta

Vi rekommenderar dig att prova denna gryta om du är på en

ketodiet!

Förberedelsetid: 10 minuter

Tillagningstid: 20 minuter

Portioner: 9

Ingredienser:

- 1 pund rökt korv, skivad
- 1 grön paprika, hackad
- 2 gula lökar, hackade
- Salta och svartpeppar efter smak
- 1 dl persilja, hackad
- 8 salladslökar, hackade
- ¼ kopp avokadoolja
- 1 dl nötbuljong
- 6 vitlöksklyftor
- 28 uns konserverade tomater, hackade
- 16 uns okra, hackad
- 8 uns tomatsås
- 2 matskedar kokos aminos

- 1 msk glutenfri varm sås

Vägbeskrivning:

1. Hetta upp en gryta med olja på medelhög värme, tillsätt korv, rör om och koka i 2 minuter.
2. Tillsätt lök, paprika, salladslök, persilja, salt och peppar, rör om och koka i 2 minuter till.
3. Tillsätt fond, vitlök, tomater, okra, tomatsås, kokosnöt och varm sås, rör om, låt sjuda och koka i 15 minuter.
4. Tillsätt mer salt och peppar, rör om, dela i skålar och servera.

Njut av!

Näring:kalorier 274, fett 20, fiber 4, kolhydrater 7, protein 10

Burgundbiffgryta

Det är dags att lära sig hur man gör en speciell keto-gryta för dina nära och kära!

Förberedelsetid: 10 minuter

Tillagningstid: 3 timmar

Portioner: 7

Ingredienser:

- 2 pund biff chuck stekt i tärningar
- 15 uns konserverade tomater, hackade
- 4 morötter, hackade
- Salta och svartpeppar efter smak
- ½ pund svamp, skivad
- 2 revbenselleri, hackade
- 2 gula lökar, hackade
- 1 dl nötbuljong
- 1 msk timjan, hackad
- ½ tsk senapspulver
- 3 msk mandelmjöl
- 1 kopp vatten

Vägbeskrivning:

1. Hetta upp en ugnssäker gryta på medelhög värme, tillsätt nötköttstärningar, rör om och bryn dem i ett par minuter på varje sida.
2. Tillsätt tomater, champinjoner, lök, morötter, selleri, salt, pepparsenap, fond och timjan och rör om.
3. Blanda vatten med mjöl i en skål och rör om väl. Tillsätt detta i grytan, rör om väl, sätt in i ugnen och grädda vid 325 grader F i 3 timmar.
4. Rör om varje halvtimme.
5. Fördela i skålar och servera.

Njut av!

Näring:kalorier 275, fett 13, fiber 4, kolhydrater 7, protein 28

Gröna i katalansk stil

Den här vegetabiliska keto-rätten är bara fantastisk!

Förberedelsetid: 10 minuter

Tillagningstid: 15 minuter

Portioner: 4

Ingredienser:

- 1 äpple, urkärnat och hackat
- 1 gul lök, skivad
- 3 matskedar avokadoolja
- ¼ kopp russin
- 6 vitlöksklyftor, hackade
- ¼ kopp pinjenötter, rostade
- ¼ kopp balsamvinäger
- 5 dl blandad spenat och mangold
- Salta och svartpeppar efter smak
- En nypa muskotnöt

Vägbeskrivning:

1. Hetta upp en panna med olja på medelhög värme, tillsätt lök, rör om och koka i 3 minuter.
2. Tillsätt äpplet, rör om och koka i 4 minuter till.
3. Tillsätt vitlök, rör om och koka i 1 minut.

4. Tillsätt russin, vinäger och blandad spenat och mangold, rör om och koka i 5 minuter.
5. Tillsätt muskotnöt, salt och peppar, rör om, koka ytterligare några sekunder, dela mellan tallrikar och servera.

Njut av!

Näring:kalorier 120, fett 1, fiber 2, kolhydrater 3, protein 6

Mangoldsoppa

Det här är väldigt rejält och rikt!

Förberedelsetid: 10 minuter

Tillagningstid: 35 minuter

Portioner: 12

Ingredienser:

- 4 dl mangold, hackad
- 4 dl kycklingbröst, kokta och strimlade
- 2 koppar vatten
- 1 dl svamp, skivad
- 1 msk vitlök, hackad
- 1 msk kokosolja, smält
- ¼ kopp lök, hackad
- 8 dl kycklingfond
- 2 dl gul squash, hackad
- 1 kopp gröna bönor, skurna i medelstora bitar
- 2 matskedar vinäger
- ¼ kopp basilika, hackad
- Salta och svartpeppar efter smak
- 4 baconskivor, hackade

- ¼ kopp soltorkade tomater, hackade

Vägbeskrivning:

1. Hetta upp en gryta med olja på medelhög värme, tillsätt bacon, rör om och koka i 2 minuter. Tillsätt tomater, vitlök, lök och svamp, rör om och låt koka i 5 minuter.
2. Tillsätt vatten, fond och kyckling, rör om och koka i 15 minuter.
3. Tillsätt mangold, haricots verts, squash, salt och peppar, rör om och koka i 10 minuter till.
4. Tillsätt vinäger, basilika, mer salt och peppar om det behövs, rör om, häll i soppskålar och servera.

Njut av!

Näring:kalorier 140, fett 4, fiber 2, kolhydrater 4, protein 18

Speciell mangoldsoppa

Det är så fantastiskt!

Förberedelsetid: 10 minuter

Tillagningstid:2 timmar och 10 minuter

Portioner: 4

Ingredienser:

- 1 rödlök, hackad
- 1 knippe mangold, hackad
- 1 gul squash, hackad
- 1 zucchini, hackad
- 1 grön paprika, hackad
- Salta och svartpeppar efter smak
- 6 morötter, hackade
- 4 dl tomater, hackade
- 1 dl blomkålsbuketter, hackade
- 1 dl gröna bönor, hackade
- 6 dl kycklingfond
- 7 uns konserverad tomatpuré
- 2 koppar vatten
- 1 pund korv, hackad

- 2 vitlöksklyftor, hackade
- 2 tsk timjan, hackad
- 1 tsk rosmarin, torkad
- 1 msk fänkål, finhackad
- ½ tsk röd paprikaflingor
- Lite riven parmesan till servering

Vägbeskrivning:

1. Hetta upp en panna på medelhög värme, tillsätt korv och vitlök, rör om och koka tills den får färg och överför tillsammans med saften till din långsamkokare.
2. Tillsätt lök, mangold, squash, paprika, zucchini, morötter, tomater, blomkål, gröna bönor, tomatpuré, fond, vatten, timjan, fänkål, rosmarin, pepparflingor, salt och peppar, rör om, täck över och koka på hög i 2 timmar.
3. Ta upp grytan, rör om soppan, häll i skålar, strö parmesan över och servera.

Njut av!

Näring:kalorier 150, fett 8, fiber 2, kolhydrater 4, protein 9

Rostad tomatkräm

Det kommer att göra din dag mycket enklare!

Förberedelsetid: 10 minuter

Tillagningstid: 1 timme

Portioner: 8

Ingredienser:

- 1 jalapenopeppar, hackad
- 4 vitlöksklyftor, hackade
- 2 pund körsbärstomater, skurna i halvor
- 1 gul lök, skuren i klyftor
- Salta och svartpeppar efter smak
- ¼ kopp olivolja
- ½ tsk oregano, torkad
- 4 dl kycklingfond
- ¼ kopp basilika, hackad
- ½ dl parmesan, riven

Vägbeskrivning:

1. Fördela tomater och lök i en ugnsform. Tillsätt vitlök och chilipeppar, smaka av med salt, peppar och oregano och ringla över oljan.

2. Kasta till beläggning och grädda i ugnen vid 425 grader F i 30 minuter.

3. Ta ut tomatblandningen ur ugnen, lägg över i en kastrull, tillsätt fond och värm upp allt på medelhög värme.

4. Koka upp, täck grytan, sänk värmen och låt sjuda i 20 minuter.

5. Mixa med en stavmixer, tillsätt salt och peppar efter smak och basilika, rör om och häll i soppskålar.

6. Strö över parmesan och servera.

Njut av!

Näring:kalorier 140, fett 2, fiber 2, kolhydrater 5, protein 8

Aubergine Soppa

Det här är precis vad du behövde idag!

Förberedelsetid: 10 minuter

Tillagningstid: 50 minuter

Portioner: 4

Ingredienser:

- 4 tomater
- 1 tsk vitlök, hackad
- ¼ gul lök, hackad
- Salta och svartpeppar efter smak
- 2 dl kycklingfond
- 1 lagerblad
- ½ kopp tung grädde
- 2 msk basilika, hackad
- 4 msk parmesan, riven
- 1 msk olivolja
- 1 aubergine, hackad

Vägbeskrivning:

1. Fördela auberginebitar på ett bakplåtspapper, blanda med olja, lök, vitlök, salt och peppar, sätt in i ugnen på 400 grader F och grädda i 15 minuter.
2. Häll vatten i en kastrull, låt koka upp på medelvärme, tillsätt tomater, ånga dem i 1 minut, skala och hacka.
3. Ta ut aubergineblandningen ur ugnen och överför till en kastrull.
4. Tillsätt tomater, fond, lagerblad, salt och peppar, rör om, låt koka upp och låt sjuda i 30 minuter.
5. Tillsätt grädde, basilika och parmesan, rör om, häll i soppskålar och servera.

Njut av!

Näring:kalorier 180, fett 2, fiber 3, kolhydrater 5, protein 10

Auberginegryta

Detta är perfekt för en familjemåltid!

Förberedelsetid: 10 minuter

Tillagningstid: 30 minuter

Portioner: 4

Ingredienser:

- 1 rödlök, hackad
- 2 vitlöksklyftor, hackade
- 1 knippe persilja, hackad
- Salta och svartpeppar efter smak
- 1 tsk oregano, torkad
- 2 auberginer, skurna i medelstora bitar
- 2 matskedar olivolja
- 2 msk kapris, hackad
- 1 näve gröna oliver, urkärnade och skivade
- 5 tomater, hackade
- 3 matskedar örtvinäger

Vägbeskrivning:

1. Hetta upp en gryta med olja på medelvärme, tillsätt aubergine, oregano, salt och peppar, rör om och låt koka i 5 minuter.
2. Tillsätt vitlök, lök och persilja, rör om och koka i 4 minuter.
3. Tillsätt kapris, oliver, vinäger och tomater, rör om och koka i 15 minuter.
4. Salta och peppra mer om det behövs, rör om, dela upp i skålar och servera.

Njut av!

Näring:kalorier 200, fett 13, fiber 3, kolhydrater 5, protein 7

Rostad paprikasoppa

Det här är inte bara jättegott! Det är keto och hälsosamt också!

Förberedelsetid: 10 minuter

Tillagningstid: 15 minuter

Portioner: 6

Ingredienser:

- 12 uns rostad paprika, hackad
- 2 matskedar olivolja
- 2 vitlöksklyftor, hackade
- 29 uns konserverad kycklingfond
- Salta och svartpeppar efter smak
- 7 uns vatten
- 2/3 kopp tung grädde
- 1 gul lök, hackad
- ¼ kopp parmesan, riven
- 2 stjälkar selleri, hackade

Vägbeskrivning:

1. Hetta upp en gryta med olja på medelvärme, tillsätt lök, vitlök, selleri, lite salt och peppar, rör om och låt koka i 8 minuter.

2. Tillsätt paprika, vatten och fond, rör om, låt koka upp, täck över, sänk värmen och låt sjuda i 5 minuter.

3. Använd en stavmixer för att puréa soppan, tillsätt sedan mer salt, peppar och grädde, rör om, låt koka upp och ta av värmen.

4. Häll upp i skålar, strö över parmesan och servera.

Njut av!

Näring:kalorier 176, fett 13, fiber 1, kolhydrater 4, protein 6

Läcker kålsoppa

Denna läckra kålsoppa kommer att bli din nya favorit ketosoppa verkligen snart!

Förberedelsetid: 10 minuter

Tillagningstid: 45 minuter

Portioner: 8

Ingredienser:

- 1 vitlöksklyfta, finhackad
- 1 kålhuvud, hackat
- 2 pund nötkött, malet
- 1 gul lök, hackad
- 1 tsk spiskummin
- 4 buljongtärningar
- Salta och svartpeppar efter smak
- 10 uns konserverade tomater och grön chili
- 4 koppar vatten

Vägbeskrivning:

1. Hetta upp en panna på medelvärme, tillsätt nötkött, rör om och bryn i några minuter.

2. Tillsätt lök, rör om, koka i 4 minuter till och överför till en kastrull.

3. Hetta upp, tillsätt kål, spiskummin, vitlök, buljongtärning, tomater och chili och vatten, rör om, låt koka upp på hög värme, täck över, sänk temperaturen och koka i 40 minuter.

4. Smaka av med salt och peppar, rör om, häll i soppskålar och servera.

Njut av!

Näring:kalorier 200, fett 3, fiber 2, kolhydrater 6, protein 8

Ketogena dessertrecept

Chokladtryffel

Dessa är så underbara och läckra!

Förberedelsetid: 10 minuter

Tillagningstid: 6 minuter

Portioner: 22

Ingredienser:

- 1 kopp sockerfria - chokladchips
- 2 matskedar smör
- 2/3 kopp tung grädde
- 2 tsk konjak
- 2 matskedar sväng
- ¼ tesked vaniljextrakt
- Kakao pulver

Vägbeskrivning:

1. Lägg tjock grädde i en värmetålig skål, tillsätt swerve, smör och chokladchips, rör om, sätt in i mikrovågsugnen och värm upp i 1 minut.
2. Låt stå åt sidan i 5 minuter, rör om väl och blanda med konjak och vanilj.
3. Rör om igen, låt stå i kylen ett par timmar.

4. Använd en melonballer för att forma dina tryffel, rulla
    dem i kakaopulver och servera dem.

Njut av!

Näring:kalorier 60, fett 5, fibrer 4, kolhydrater 6, protein 1

Läckra munkar

Dessa keto-munkar ser och smakar underbart!

Förberedelsetid: 10 minuter

Tillagningstid: 15 minuter

Portioner: 24

Ingredienser:

- ¼ kopp erytritol
- ¼ kopp linfrömjöl
- ¾ kopp mandelmjöl
- 1 tsk bakpulver
- 1 tsk vaniljextrakt
- 2 ägg
- 3 matskedar kokosolja
- ¼ kopp kokosmjölk
- 20 droppar röd matfärg
- En nypa salt
- 1 msk kakaopulver

Vägbeskrivning:

1. Blanda linfrömjöl i en skål med mandelmjöl, kakaopulver, bakpulver, erytritol och salt och rör om.

2. I en annan skål, blanda kokosolja med kokosmjölk, vanilj, karamellfärg och ägg och rör om.

3. Kombinera de 2 blandningarna, rör om med en stavmixer, överför till en påse, gör ett hål i påsen och forma 12 munkar på en plåt.

4. Sätt in i ugnen på 350 grader F och grädda i 15 minuter.

5. Lägg upp dem på ett fat och servera dem.

Njut av!

Näring:kalorier 60, fett 4, fiber 0, kolhydrater 1, protein 2

www.ingramcontent.com/pod-product-compliance
Lightning Source LLC
Chambersburg PA
CBHW051015060726
47593CB00016B/377